高校体育教育创新发展研究

王冬梅　著

吉林人民出版社

图书在版编目 (CIP) 数据

高校体育教育创新发展研究 / 王冬梅著 . —— 长春：
吉林人民出版社 , 2021.8
ISBN 978-7-206-18388-1

Ⅰ . ①高… Ⅱ . ①王… Ⅲ . ①体育教学－教学研究－
高等学校 Ⅳ . ① G807.4

中国版本图书馆 CIP 数据核字 (2021) 第 167365 号

高校体育教育创新发展研究

GAOXIAO TIYU JIAOYU CHUANGXIN FAZHAN YANJIU

著　　者：王冬梅　　　　　　　封面设计：袁丽静
责任编辑：关亦淳　　　　　　　助理编辑：李子木
吉林人民出版社出版 发行（长春市人民大街 7548 号）　邮政编码：130022
印　　刷：三河市华晨印务有限公司
开　　本：710mm×1000mm　　1/16
印　　张：11.5　　　　　　　　字　　数：226 千字
标准书号：ISBN 978-7-206-18388-1
版　　次：2021 年 8 月第 1 版　　印　　次：2021 年 8 月第 1 次印刷
定　　价：59.00 元

如发现印装质量问题，影响阅读，请与印刷厂联系调换。

前　言

　　学校教育是实施素质教育、人才强国战略的必然要求。高校体育教育是我国教育事业的重要组成部分，是提高大学生身体素质的重要途径，在推动现代教育发展与创新人才培养方面发挥着不可替代的作用。随着我国社会的进一步发展，为了响应国家人才强国的总目标，高校教育必须要进一步改革创新，这样才能实现我国人才强国和全面素质教育的目标。体育教育改革首先要从体育教育理念着手。中国从清末至现代的体育思想在历史的渲染和国外先进思想的影响下一直在不断地进步，最终发展到现代三大体育教育理念，分别是"健康第一"教学理念、"以人为本"教学理念、"终身体育"教学理念。随着互联网和多媒体技术的发展，多媒体技术、慕课、翻转课堂、微课等新技术新方法的应用，不仅需要体育教育理念的创新，更需要体育教育方法、体育教育内容、体育教育模式等全面变革和发展。

　　全书共五章，第一章是体育教育理念的创新，主要阐述了国外先进的体育教育理念及我国教育理念的创新和发展；第二章对高校体育教学内容的变革与发展进行了深入分析；第三章论述了高校体育教学方法的变革与发展；第四章对高校体育教学模式的创新进行了阐释分析；第五章主要论述高校课外体育教育管理的创新。全书集系统性、科学性、新颖性于一体，知识性趣味性强、理论研究科学严谨、语言描述准确、章节划分得体、结构体系完整，能够为高校体育教育创新发展提供合理建议和科学指导。

笔者在撰写本书过程中参考了一些专家、学者的研究成果和著作，在此表示衷心的感谢。由于时间仓促，水平有限，书中不足之处在所难免，恳切希望广大读者、专家批评指正。

王冬梅

2021 年 6 月 30 日

目　录

第一章　体育教育理念的创新

第一节　体育教育教学理念概述

一、"健康第一"教育理念

（一）"健康第一"教学思想的提出

中华人民共和国成立初期，党和国家高度重视青少年学生的身体健康。国民素质教育、国民体质教育、青少年健康教育是当时体育发展的首要问题。20世纪90年代的"健康第一"指导思想与20世纪50年代的"健康第一"教育思想有着本质的不同，这一时期的"健康第一"主要是对"素质教育"的诉求，是一种多样化与复合型的新型体育思想，强调体育教学的"以学生为本"理念。

进入21世纪后，我国对学生在体育教学中的全面发展投了更多注意力，教育部和体育部在2006年共同发表了《关于进一步加强学校体育工作，切实提高学生健康素质的意见》，中共中央也颁布了《关于开展全国亿万学生阳光体育运动的决定》。在现阶段，我国学校体育的指导思想应当是"健身育人"。当"健身"和"育人"被有机结合到一起后，方可把体育的教育本质表现出来，方可让学校体育与学校的其他课程一同系统地、全面地实现学校教育"健康第一"的目标。

（二）"健康第一"教学理念的依据

1.健康教学思想符合世界发展潮流

1948年，世界卫生组织指出，健康状态应当是没有疾病并维持身体、精神以及社会三方面的良好适应，立足于身体、心理、社会三个层面来定义健康。随后，世界各地健康教育的开展情况表现出了良好的势头。

为了与世界卫生组织提出的健康指导思想维持统一，"健康第一"的体育教学思想在我国也被提出。1990年6月，我国教育部和卫计委首次联合颁发了《学校卫生工作条例》，正式借助法律形式把健康教育纳入学校教学计划中，为体育教育与健康教育的改革和发展做出了很多尝试，打破了以往单一的竞技体育与单方面追求金牌的模式，使得群众性体育活动得以拓展，采取多种方式吸引学生自觉参与体育锻炼以及多种类型的健身活动，密切关注学生的生理健康和心理健康，使得健康教育的发展速度更快、整体发展情况更平衡。第三次全国教育工作会议明确指出，青少年为祖国、为人民服务的基本前提是拥有良好的身体素质。如今，体育课程深受重视，中小学基础教育阶段和高等学校教育的体育教育工作都对此做出了相应调整，不管是哪类学校，都要求学校教育严格遵循"健康第一"的教学思想的指导作用，密切分析学生身心健康与世界体育教学的发展走向是否吻合。

2. 健康教学思想适应了社会发展的需求

在社会大力培养和发展人才、社会不断影响人们日常生活的背景下，人们对于健康教育的思考和认识更为深刻，越来越多的人开始密切关注"健康第一"。

一方面，当今社会的持续进步不只是向人们提供了很多便利，对人们的日常生活也产生了潜移默化的影响。因此，重视对学生的体育教学、改善学生体质是一个重要的社会课题。学校要总结经验与教训，全面贯彻党的教育方针，加大学校体育工作的力度，普及全民健身和卫生保健等科普知识，广泛关注学生健康及体育卫生。众多实践证实，学生主动参与体育健身活动在强身健体的同时，能够增强抵抗力抵御各种疾病，而且对学生智力的发展也起着一定的促进作用，对人民群众的身体健康和国家发展都有着积极影响。

另一方面，随着社会科学技术的进一步发展，国家之间综合国力的竞争日趋激烈，其根本是专门人才的竞争和劳动者素质的竞争，在这种形势下，对我国的教育来说，既是机遇也是挑战。我国要想在国家综合实力的竞争中占据优势，就一定要培养出一大批优秀的专门人才。而培养出的专门人才不仅要有正确的政治思想，还要拥有稳固的科学知识基础及其运用能力，还一定要拥有良好的身体素质。

针对以上两个方面，为了更好地促进学生的健康发展，学校在教育过程中应当密切关注学生的生理健康情况和心理健康情况，树立与当今社会要求相吻合的"健康第一"思想。

（三）"健康第一"与体育健康教育

近年来，"健康第一"的教育思想在体育教学中的教学内容安排、教学方法选择、教学评价标准确定等方面得到了进一步贯彻落实，在新时期，体育健康教育中的贯彻落实应注意以下几个目标的实现。

1. 落实体育健康教育标准

在体育教学的所有环节都应当贯彻并落实健康标准，教师应调整体育教学的各项内容，向学生传授科学的锻炼知识，最终使学生的身体素质得到质的飞跃，使学生终身健康的意识和行为得到升华。同时，体育教学也应当依据新的学生体质健康测试标准，根据本地区气候、资源以及学校自身的教学特点来进行较大程度的调整；应允许学生根据自己的爱好和特点自由选择体育项目，使他们参与到自己真正感兴趣的活动中，从而熟练掌握适合自己的健身方法；不应再强调各项目的达标与否，而应在培养学生的终身锻炼意识方面下功夫。

2. 完善体育与健康教育体系

体育拥有多元教育价值，体育本身就具备十分宽泛的知识面以及深厚的文化底蕴。在体育教学的各个环节，教师应当科学渗透体育人文学、运动人体学、健康教育学等多方面的内容，促使体育锻炼的科学性特征和人文性特征更加显著，激发学生对体育课的兴趣，促使学生自觉探究体育课的深远意义，适当增添保证学生身心健康发展的常识性内容，让学生逐步形成健康的作息习惯和心理状态。

3. 转变体育教学工作重心

在不断变化的社会背景下，体育教学的教育育人作用应当把强身健体当成重要基础，推动学生在体质、心理、社会适应等方面都得到健康发展。

（1）体育教育应当把学生体质健康当成服务目标。在三维的健康观中，体质健康从很早开始就是颇受关注的健康内容。贯彻和落实"健康第一"的指导思想，要求体育教学和健康教育都应当把促使学生身心健康、提高学生身体素质、培养均衡发展人才当成重要目标。运动技术是学生锻炼身体的有效措施，此外，学生还应全面掌握体育和保健方面的知识，形成健康向上的锻炼习惯。

（2）在重视学生体质发展的基础上，重视学生的全面健康发展。当前，必须要贯彻国务院明确阐述的"学校教育要树立健康第一"的指导思想。当前，知识的更新和边缘学科的发展状况史无前例，社会上各种竞争也日趋激烈，而仅仅依靠强壮的身体、优良的体质、丰富的知识是不能适应这种变化的。在这样的时代背景下，国务院适时提出了"健康第一"的指导思想，对学校体育教育提出了更高要求，即培养身体健康、心理稳定、拼搏竞争、团结协作的新型高素质人才。一方面，应关注学生的心理健康。社会主义市场经济的发展带来的竞争机制越来越激烈，来自社会各方面的因素如学习、生活、升学、就业等对学生的心理来说都有极大的影响，一些学生存在着不同程度的心理问题。由此可知，体育教学应当把学生心理健康教育摆到重要位置，促使学生的心理健康水平得到大幅度提升。对于学校体育的组织形式来说，应当与学生的实际需求密切联系起来，定位体育活动的目标时应保证有针对性，立足于多个方面来评价学生的体育能力，由此使学生的心理素质得到大幅度提升。另一方面，要把提高学生的社会适应能力摆在重要位置。体育是一种特殊的教育形式，在遵守特定规则限制的情况下，开展公平、公正、公开的体育竞赛，对创造和谐的人际关系以及使学生形成顽强的意志品质、集体协作精神、自我心理调节能力都有着很大的积极影响，也能促使学生形成良好的社会公德和责任感，认真遵循各方面的社会规范，更好地适应社会环境。

（四）"健康第一"教育理念在体育教学中的应用

在现代体育教学中应严格贯彻"健康第一"的指导思想，将它贯穿于体育教学工作的始终，让学生拥有健康的体魄，为终身教育打下基础，这是 21 世纪体育教育工作者应当完成的重要任务，也是 21 世纪学校体育工作者应努力探索的新课题。贯彻"健康第一"教学思想需要达到的要求包括以下几方面。

1. 提高体育教师的综合素质

在体育教育逐步发展的背景下，现代体育教育要求教师不可以只采取以往知识培养的单一教学模式，体育教师还需要具备较高的科研探索水平。针对这两方面要求，体育教师需要掌握科学与人文两方面的基本知识以及基础稳固的体育基本功。

第一，体育教师要熟知信息科学、生命科学、环境科学等基础知识，了解体育教育的人文价值，掌握学生素质发展的规律性，努力提高自身的综合素养。

第二，体育教师还要树立终身学习的思想，适应不断发展与变化着的社会。体育教育也需要与任课教师、学生、家长等有关人员加强合作，以产生协调效应。

第三，体育教师应当不断地积累教学经验，主动参与各类体育科研活动，自觉在体育教学过程中发现问题、探索问题、解决问题，使自己逐步发展成为具备探索能力和创造能力的科研型教师。

除此之外，21世纪的体育教学把教师教学的能力摆到了重要位置，而这也是体育教育教学活动的核心要素。体育教师的教学能力具体包括对教学活动的决策与设计能力，课堂组织能力和管理能力，评估学生知识、技能的能力等。

2. 在体育教育中加强体育、卫生、美育的有机结合

学生在参与体育活动和体育锻炼时，一定要保证摄入身体所必需的营养，养成讲究卫生的良好习惯。所以，应当把身体健康和卫生保健密切联系在一起。对于体育教学来说，学校应当适当增强对学生的营养指导，高效地向学生传授与营养和卫生保健相关的知识。

实践表明，广泛开展群众性的体育活动，可以使校园文化建设丰富多彩，使学生的体育生活充满生机。美育不仅能够提高学生的修养，而且有助于开发他们的智力。体育是健与美的有机结合，寓美育于体育之中，可使体育内容与形式充满美的感受，提高学生对体育的兴趣，提高其运动质量，丰富学生的审美体验、提高学生创造美的能力。

就现阶段来说，学校体育与卫生保健的密切结合已经形成了良好开端，同时也获得了比较满意的效果，但依旧未能形成完善的体系。这就要求紧密结合学生的生长发育与生活实际来开展健康教育，使学生学会自我保护，预防疾病的发生，把学生的青春期教育和心理健康教育作为健康教育的重要内容来抓；加强学生的多元体育教育，应引起体育教学工作者的高度重视。

3. 培养学生的健康意识和行为

在体育教学的各个环节，教师均应采取多种方式把教学活动和学生生活实践联系起来，促使学生逐步形成健康意识并主动做出健康行为，努力让学生把所学知识转变成自觉行为。详细来说，学校和体育教师在培养学生健康意识与行为时，需要高质量地完成以下几方面工作。

（1）结合学生的具体实际，制定适合学生发展的体育教材，组织好学生参加体育运动锻炼。

（2）在上体育课时应注意适量，不应矫枉过正。

（3）在体育课外活动中应加强体育教师的指导作用。

（4）开展多种形式的体育比赛。

（5）有针对性地加强营养学、心理学、保健学、环保学、身心健康等方面的知识教育。

4.不断提高学生参与体育的能力

在体育教学过程中，教师应当高效地向学生传授健康知识与锻炼手段，把开展体育运动项目与社会体育资源密切联系起来，让学生参与体育的运动水平得到大幅度提升。健康知识与健康手段对所有体育锻炼的参与者都至关重要。学生只有全面掌握了健康知识与锻炼手段之后，才不至于漫无目的地参与体育锻炼活动，才能更加客观地评价自身的实际情况与锻炼效果。学校开展运动项目往往只把场地器材、教师情况、学生情况视为考虑的重要内容，而没有对学生所学运动项目在其步入社会后能否继续坚持进行全面的考虑。现阶段，学校体育教学各项工作的开展应充分立足学校，放眼社会，多开设社会体育设施建设较好的项目，为终身体育的开展创造条件。各项运动项目是参与者参与体育运动的重要媒介，良好的运动技术可以激发学生对运动锻炼的积极性，从而逐步形成良好的运动习惯。所以，在体育教学中应坚持以运动技术为主，注重培养学生广泛的体育兴趣，使学生一专多能，同时更加重视健康知识和健身方法的传授，使学生在学校之外也能科学参与体育锻炼。

二、"以人为本"教学思想

（一）"以人为本"思想的内涵

我国早在商周时期就意识到人民是整个国家的重要基础，提出了民本思想，但当时的这种"以人为本"的思想，并没有形成系统化的理论体系。到了春秋时期，儒家倡导"仁者爱人"的思想、齐国管仲提出"以人为本"的治国思想，再到后来孟子的"以民为国家之本"等思想，都与"以人为本"教学思想有着密切关系。毋庸置疑的是，我国古代传统的民本思想和现阶段的"以人为本"思想有着很多不同之处。

在西方，古希腊时期就出现了"以人为本"的理念与思想，而其正式形成则在文艺复兴时期。19世纪初，哲学家费尔巴哈第一次提出了"人本主义"的口号。发展至今，很多人本主义哲学家选用非理性主义手段，使得人本主义体系更为完善。在人本主义思想的长期作用下，西方教学思想在教育观念、教育目标、教育内容、教育手段等方面都进行了大幅度调整，其对现代体育教学的发展起到了很大的推动作用。

截至目前，"以人为本"的体育教学思想已经演变成了中西方体育教学的关键性教学思想。我国现阶段"以人为本"思想得以建立的重要基础是马克思主义和与个体全面发展相关的理论，同时密切联系我国的具体情况，最终产生了科学、完善的教育价值取向。在体育教学中贯彻和落实"以人为本"的教学思想，不仅对我国落实科教兴国战略有着深远意义，还对我国实现民族的伟大复兴有着深远意义。

（二）建立"以人为本"教学思想的重要性

进入 21 世纪之后，人们对人才是社会发展的核心要素有了越来越深入的认识，我国一定要在实施科教兴国战略的前提条件下持续加深学校教育的改革深度，保证人与社会的全面发展。在现代社会不断发展的背景下，各级学校应积极贯彻落实科学发展观，坚持"以人为本"的教学思想，这是体育课程改革的必然要求。在新的时代背景下，贯彻"以人为本"的教育理念对学校体育教育的发展和青少年的身心健康成长都具有重要的意义。

近些年来，在不断加深改革深度和发展深度的背景下，我国学校教育的发展成效十分显著，体育教育同样在积极顺应时代发展的主要趋势，大力更新各项教学观念，采取科学、人性化的教学思想为体育教学发展提供指导。学生在终身体育理念的科学引导下，在落实"以人文本"的科学发展观过程中获得了大力发展。当前，"以人为本"的教育理念对我国体育教学的发展具有重要的指导意义。"以人为本"中的"人"既是个体，又是群体，既具有自然属性，又拥有社会属性。现代体育教学要建立在以人为本的基础上，坚定不移地实施科教兴国战略和人才强国战略，不断满足大众日益增长的教育需要。

（三）"以人为本"教学思想在体育教学中的应用

我国教育需要达到多方面要求。贯彻落实科学发展观，建构社会主义和谐社会及在教学中贯彻以人为本教学思想是新课程改革的必然要求。与此同时，我国现阶段的体育教学还面临很多需要解决的问题，表现出了一些不足之处。针对各方面的问题，在学校教育中发挥重要作用的体育教学应当在教育目标方面落实"以人为本"的教学思想，具体应当从以下两个方面着手。

1. 以学生为本

学生是体育教学的主体，同时也以独立生命个体的形式存在着，有资格获得认可与尊重，所以参与体育教学活动的教师应当树立"以人为本"的观念。在以学生为本的教学过程中，应当进一步丰富办学资源，尽全力为学生创造有利的学习条件和教学环境，进一步充实教师队伍；本着对学生高度负责的原则，提供充足的教育教学资源，并保证向他们提供其发展所需的知识、技能等教学内容；尊重学生的个体差异，促进学生个性化发展；完善培养方案，建构科学的课程体系；重视改变教学方式，增强教学的感染力、吸引力，激发学生的学习动机，调动其学习积极性。体育教学中贯彻"以人为本"的思想，首先就要关注学生的利益，树立为学生服务的观念，使学生获得全面而又不失个性的发展。

自 21 世纪以来，我国学校教育以惊人的速度不断发展，体育教育也要适应新时代的发展潮流，不断革新观念，以科学的、合理的、人性化的教学思想促进学校体育的发展，让学生在"健康第一"思想的指导下获得身心的全面健康发展。简单来说，现阶段的体育教育应当把保障学生身心健康当成基本原则和开展多种体育活动的立足点。在体育学校的实际过程中，应采取多种方式提高学生的主体地位，培养学生主动参加体育锻炼的意识。在培养学生主体意识的过程中，要求教育工作者应本着尊重学生、信任学生的原则，促进学生身心的健康发展。具体来说，要做到以下几点。

（1）尊重学生。教师应当树立以学生为中心的教育理念，在教育过程中严格遵循学生的身体发展特征和具体规律，同时对学生的个性特征予以尊重及肯定，贯彻并落实因材施教的原则。

（2）宽容学生。推动学生健康成长是教师所有工作的根本目的，教师要想顺利达到这个目标，就必须对学习中存在问题的学生进行密切关注。学生之间难免会存在差异，所有学生都存在优势和劣势，教师应当正视这种差异，对学生的优势进行积极肯定，对学生的劣势多多包容。参与体育教学的教师必须明确的一点是，体育课上不存在差生。在具体的教学工作中，教师在管理学困生时，更需要付出一定的情感，多下功夫，首先对他们的错误给予宽容与理解，从而使学生的思想负担减轻，使其树立自信，将内在的精神力量激发出来，使其自觉改正错误、实现自我发展，这才是对"以人为本"的教育思想的真正贯彻落实。

（3）丰富教学形式。在体育教学中应努力彰显学生的主体地位，推动学生成为学习的主人，促使学生将体育学习融入情感和行动两个方面。所以，体育教师应当采取多元化的教学形式，从而科学组织体育教学。现代课堂教学就是教师和学生共同探讨问题的重要阵地，在课堂教学中便于运用多种形式开展教学活动。具体的教学形式有群体训练、小组合作练习、个人自觉练习等，这些都彰显出体育教学中贯彻"以人为本"理念的情况，有助于激发学生的内在需求，并推动学生不断进步。

（4）科学评价学生。体育教学评价的全面性很重要，全面评价需遵循"以人为本"的原则，将学生的全面发展充分重视起来，力求通过全面评价充分了解学生对体育学科的态度、参与体育锻炼的情况以及对体育技能的掌握和运用情况，从而有针对性地调整课程教学方案，使学生在现有的基础上实现更大的进步。在体育教学过程中，要注重对学生体育学习情况的评价。一般来说，体育教学评价主要是对学生的平时表现、素质达标、技术技能运用等内容进行评价。然而，由于每个学生的学习能力存在着差异，容易出现能力强的学生得高分、能力弱的学生付出行动但很难得高分的情况，这种评价将无法客观反映学生的体育锻炼情况，同时也不利于增加学生的学习动力。所以，教师在选用评价方式时应当密切联系学生的实际情况，从而推动所有学生的健康成长。

（5）建构和谐师生关系。体育教学的基本立足点是关爱学生生命，尊重学生人格和权益。教师对学生之间的差异性应予以认可，对学生的独立性、个体性应予以尊重，与学生建构起平等和谐的师生关系。具体来说，在体育课堂教学中，教师要善于采用鼓励性的话语来激励学生、安抚学生。鼓励的话语可以给学生带来莫大的安慰与动力，可以使学生变得更勇敢、更自信。这样往往能够取得良好的课堂教学效果。

2. 以教师为本

因为教师的"教"是学校培养学生和推动学生发展的实现手段，所以体育教学中要以教师为本。学校需要完成的工作包括以下几个方面。

第一，向体育教师提供积极向上的工作环境和工作氛围，针对教师的工作量制定出合理标准，客观评估教师的教学，积极奖励表现突出的教师。

第二，时刻关注教师的发展情况，教师也需要随时代的变化而持续发展。在体育教师管理方面，严禁把防范性和强制性摆在重要位置，应当把人性化贯彻于各个环节，促使体育教师积极履行个人义务并承担相应的责任。

第三，给予体育教师应有的尊重与信任，避免制定过多内容来限制体育教师的自由，避免束缚体育教师的行为。

三、"终身体育"教育理念

（一）"终身体育"的概念

"终身体育"是指在人的一生中都要进行身体锻炼和接受体育教育与指导，它是终身教育的重要组成部分。具体来说，就是一个人从生命的开始，到生命结束，都要适应环境与个人的需要，进行身体锻炼，以取得生存、生活、学习与工作的物质基础或条件。"终身体育"理念的形成是人类自身和社会发展的必然要求。

在理解"终身体育"时，可以从几个方面进行分析：在时间上，"终身体育"贯穿于人的整个生命过程；在活动内容上，"终身体育"运动项目包括多方面内容，在选择时可以结合自身的兴趣；在人员上，"终身体育"面向的对象是社会中的全体公民，特别是面向全体青少年学生；在教育上，"终身体育"有助于提升全体公民的总体素质，是实现富国强民的重要方式。

"终身体育"是思想意识及行为倾向的有机结合，体育意识是"终身体育"的思想基础。体育意识的强烈程度，直接影响着人们"终身体育"思想的形成。"终身体育"，强调体育锻炼贯穿于生命的全过程。"终身体育"贯穿于人的一生，对社会而言是全体国民的体育，二者的统一是"终身体育"追求的最高目标。

随着发展时间的推移，"终身体育"思想在体育教育中的作用越来越重要，已经逐步发展成为当今十分先进的体育教学思想。"终身体育"思想由存在着相互联系、相互作用的学校体育、社区体育以及家庭体育组成，从而共同影响个体。此外，还要求学校、家庭、社区积极开展各类体育活动，努力增加各类群体参与体育活动的机会。

（二）"终身体育"教育理念的特征

1. 终身性

"终身体育"是先进的教育思想，因为其彻底打破了以往体育教学目标过度重视学习和掌握运动技能的观念，发展并延续了学校体育教育。分析传统体育教学观念可知，它是把个体接受教育的时间定位于在校期间，把学习及掌握体育理论知识和运动技能设定为体育锻炼的重要内容。然而，"终身体育"是在密切联系个体生长发育、发展以及衰退规律与阶段性特点的基础上组织个体参与身体锻炼，倡导体育锻炼对人们的整个生命历程都有积极作用，因此有必要进行终身参与。

2. 全民性

终身体育锻炼具有全民性的特点，这是指接受"终身体育"的所有人，在对象上，有儿童、青少年、成人和老年人；在范围上，有学校体育、家庭体育、社会体育等。以"终身体育"为指导开展全民健身运动，其实质是群众体育的进一步普及与发展，以实现广泛普及化。身处当今社会的任何一个人都需要掌握生存的技能，而学会生存不能与体育相脱离。因为生存发展是时代的主流，要生存就必须会学习、运动锻炼及保健，人们要想更好地生活，就应把体育与生活紧密地联系在一起，使其在参与体育活动中终身受益。

3. 实效性

终身体育锻炼应当确定清晰明了的目标，换句话说，就是体育一定要推动人们实现均衡发展与终身发展。维持并提高人们的生活水平、提高人们的身体素质、延长人们的寿命是"终身体育"的终极目标。

"终身体育"的根本着眼点是更好地适应个体发展与社会发展。学生往往会结合自身的情况来选择最佳的体育方式，其表现出的针对性特征和实效性特征都十分显著。从整体来看，终身体育锻炼应当设置明确目标，推动学生实现均衡发展与终身发展。

（三）"终身体育"教育理念在体育教学中的应用

1. 培养学生的终身体育意识

"终身体育"教育理念指导下的体育教学不仅是追求学生某一特定的运动技能和运动的熟练程度，而是更为重视学生学会身体锻炼与综合的运动实践能力，注重对学生的体育爱好和兴趣的重点培养，使学生养成良好的身体锻炼习惯。而学校在开展终身体育教育过程中，就应当致力于提升学生的体育意识，其具体措施有以下几点。

一是重视体育兴趣引导。心理学的有关理论证明，行为是在认识事物的前提下，在引发动机和兴趣的基础之上产生的。在体育教学中，教师应当指导学生端正体育学习态度，制定适宜的体育目标，逐步形成持久的学习动机，调动学生掌握体育锻炼与卫生保健两方面的知识和技能的积极性。除此之外，体育教师应当密切关注实施理论教学的实际效果，不断增强学生的终身体育意识，顺利实现体育的价值。

二是重视体育习惯培养。体育教师应当指导与带动学生把体育锻炼习惯延续到校园生活以外，这不但有助于我国全民健身的发展，而且有助于实现"终身体育"的社会价值。

三是重视体育素质培养。在体育教学过程中，体育教师应当制定使学生终身受益的目标，对每次课以及所有课外活动都要提出针对性的要求，将健身设定为目标，把素质、技能、知识、能力等方面的教育内容都渗透到培养学生终身体育意识的过程中。

2. 重视学生自我发展与社会需要的结合

"终身体育"着眼于人一生中各个不同的年龄阶段、不同的生活环境、不同的职业特点从而选择相应的锻炼方法和内容，进行不同形式的身体锻炼，以保证终身受益。学校体育教学正是为未来扮演不同社会角色的学生提供了一个良好的参与体育的契机，指导其参与体育锻炼，以便进入社会后可以更好地适应社会。因此，"终身体育"不仅要促进学生在学校的发展，还要充分满足社会发展对学生未来的发展需求，这就要求体育教育应重视学生的当前发展和长远发展。具体来说，在体育教学过程中，应实现学生终身体育发展与社会需求二者的结合，具体应该重点做好以下几方面工作。

（1）明确学生需要与社会需要的彼此地位。这是正确处理学校体育发展与社会需要适配性的关键问题。

（2）明确学生需求和社会需求之间的联系。学生需求是促进学校体育文化发展的重要动力，社会需求是体育运动发展的外在要求。

（3）体育教学应当以学生为主体并努力让学生的学习需求和发展需求都能够获得满足。

（4）对学生发展和社会需要在各个发展阶段的矛盾进行灵活有效的处理。尽管社会需要和主体需要在终极目标上应当维持统一，但并不是说之前的其他过程就不存在不同之处了，学生的终身体育发展为社会在人才方面的实际需求打下了基础，但学校体育教学涉及方方面面的内容，不可以只把社会需求发展当成服务对象，也需要把"以人为本""健康第一"考虑进来。

（5）重视与培养学生掌握系统的体育基础理论知识、科学的身体锻炼方法，以及检查评定的方法，促使学生形成从事"终身体育"的能力。

（6）校园体育教学应时刻注重对学生的生理、心理、行为模式、思想意识等方面的调查与研究，同时以社会需要为基础，以"是否符合社会发展需要"作为衡量学校体育教学合理与成功与否的重要评价标准。

3. 拓展和丰富体育教学内容

分析我国当前的学校体育改革目标可知，学校体育教学主要定位于让个体在有限的学生阶段掌握体育基础知识与基本技能，在未来可以独立自觉地继续进行身体锻炼并接受体育教育，密切衔接终身体育。学校体育在现阶段的重要任务是培养并增强学生的"终身体育"观念，适度增加体育课程内容使其更加多元化，具体有如下几点。

（1）在体育教学中积极开展学生乐于接受的体育项目。

（2）适当组织各类运动的赛事，如篮球运动赛事、足球运动赛事、健美操运动赛事等。

（3）在体育教学中适当安排耐久跑等锻炼内容，同时结合季节特征做出相应安排。

（4）指导学生密切关注体育界的最新动态，向学生传授体育竞技规则与裁判的基础知识，详细解说某些大型体育赛事的技巧。

（5）支持学生自行组织比赛，全面培养学生的自我组织能力和参与意识。

（6）体育课内外教学相结合对于终身体育思想的发展也是有积极意义的，高校开设体育选修课可以让学生选择自己感兴趣的体育项目来学习，从而发挥自己的体育特长，养成良好的体育习惯，为终身体育锻炼习惯的形成打下坚实基础。

4. 不断提升教师的综合素质

教师最基础和最核心的工作就是教学，体育教师应当通过多种方式提高教学能力，提升教学质量。教师的教学能力对体育教学质量有着举足轻重的作用。

（1）教师应树立起重视体育教学的思想和意识，并在教学过程中积极贯彻落实。教育直接关系到了民族的兴亡，健康、健美的人才才是祖国未来需要的人才。所以，体育教师需要时刻考虑如何将祖国未来的希望——学生培养成全面发展的新型人才。

（2）在体育课程教学中，针对特殊情况和事先未能考虑到的情况，教师可以对课程进行适度的调整，这是体育课中比较常见的情况。体育教师不应当只定格于提前设计好的方案上，应当用不断变化的视角来实施课程方案。体育教师应当结合实际情况来对做好的课程设计进行合理调整，从而对学生的体育学习与体育锻炼发挥出更大的积极作用。

（3）体育教师应当积极适应时代发展的实际需求，在体育教学过程中积极进行自我更新与自我优化，树立崭新的教育观念，选用切实可行、创新性高的教学手段来开展各项教学活动，促使学生参与体育运动的主动性有效激发出来，增加学生参与体育活动的兴趣，在参与过程中形成良好的体育锻炼习惯。

四、其他体育教育理念

（一）创新教育理念

1.创新教育理念的内涵

所谓创新教育，是指通过教育培养学生的创新意识和创新能力、促进学生的全面发展、弘扬人的主体精神的教育。创新教育本质上就是素质教育的一个组成部分，是深化教育改革的一种措施。创新教育一方面是全面的综合性的教育理念，强调理论与实践相结合，课内知识与课外知识相结合，在创新教育下，每个学生都能享受到体育教育的成果。另一方面，创新教育不仅包括实践创新，还包括理论创新。创新教育理念的重心是学生，它的主要目的是提高学生的综合能力和心理素质。

2.创新教育理念下体育教学实施策略

（1）加大对新式教学方法的应用。在创新教育理念下，多从实践中总结经验，积极探索适合学生的教学方法，并对传统的教学方法进行整合、创新、优化，提高学生的积极性，让他们充分感受体育带给他们的快乐和成长。

（2）优化体育课程的设置。体育课程的设置，要以学生为主体，充分利用现代高科技的教学手段，把吸引学生的注意力和兴趣作为主要教学目的，让学生在教学过程中产生浓厚的兴趣，发挥自主创造性，保证课程顺利进行。

（3）充分利用成功教学法。相比其他的课程，体育课堂应该是最能让学生放松的场所，所以在创新教育理念下，要让学生在体育课堂中感到轻松快乐。因此，在具体的教学过程中，教师可以充分利用成功教学法，根据学校的具体情况，适当地降低锻炼的难度，调整运动中的速度、准确度的指导标准，因材施教，让学生在锻炼中体会到成功带给他们的喜悦，增加学生的学习兴趣，使课堂的氛围更加活跃。学校教师应该多引导，帮助学生正确认识到在生活中出现的种种挫折，让他们明白生活中不是所有的事情都是一帆风顺的，在体育锻炼的过程中让学生体会到所谓"胜败乃兵家常事"。

（4）提高教学方法的娱乐性。在玩的过程中体育教师可以不知不觉地完成课堂既定的教学目标，让学生在体育课上充分运动起来，才能让学生真正体验到运动锻炼的目的，才能在学习中更好地集中注意力，提高学习效率。

（5）严格对体育教师教学方法的要求。学校必须加强对体育课的监管力度，鼓励教师多总结教学经验，积极参与课题研究，利用现代教学技术手段更新教学方法，不断提高教学技能，引导学生积极学习体育知识、加强锻炼，真正解决创新教育理念下体育教学所面临的困境。

（二）个性化教育理念

1. 个性化教育理念的内涵

个性化教育尊重个体的独特性与差异性，针对这些差异性采取不同的教育手段，使每个个体的生命潜能得到充分的发挥，促进个体生命自由发展。个性化教育体现学生的主体地位，充分尊重学生的个性特点。其最大特点就是突出个体的差异性，这种差异性既包括个体身体、心理、素质等方面的遗传因素，也包括个体后天通过教育和环境的影响所发展的程度不同。在此基础上，通过不同手段，激发个体的主观能动性，调动个体的积极性来主动地获取知识、增强能力，促进个体的发展。

由于教育的对象是人，而人是具有独特个性的生命体，因此，教育必须重视人的个性发展，改革教学目的和教学策略，使之更加个性化，才能够真正实现"为了每个学生的发展"的目标，即实施个性化教育，促进人的个性发展。实施个性化教育是时代发展的需求，在当下这个知识经济全球化的信息时代，人才对知识的应用和科技的创新有至关重要的作用，而人才尤其是高级专门人才的培养有赖于高等教育。高等教育的个性化发展趋势是整个教育和整个社会的要求。实施个性化教育符合学生个性全面发展的需要，能够突破以前那种约束性的、不充分的状态，并能全方位地体现我国培养德、智、体、美、劳全面发展的人才的取向。

高等教育的目标就是促进学生的全面发展，这个过程需要采用多种教育手段来进行。个性化教育将学生放在教育活动的主体地位，促使学生积极主动地学习，充分发挥自己的潜力，让每个学生在自身已有的基础上取得最好的发展；鼓励学生发挥他们自己的能力；要密切关注每个学生的独特性，但是一定要保证个体在集体活动中的参与度。

2. 个性化教育的目标

个性化教育所指的教育目标应是具体到个体的教育目标，是教育目标在个体身上的内化和具体化，即学生个性潜能的充分发挥和全面成长。高等教育以学生的全面发展为基础，培养学生的创造力和独立性。所以，学校要充分肯定学生的个性特征及其发展需求，为学生提供适合其发展的教育内容和教学方式，以培养创新型人才为目标，提升学生的自身素质，实现学生个性的全面发展。个体是承载教育目标的主体，教育目标不可能脱离个体而存在。个性化教育重视培养创新型人才，所以学生创新能力的培养是个性化教育的关注重点，它倡导学生学会自我发现和自我认识，提倡学生自我潜能的发掘。用马克思的观点来说，自由全面的发展是人的个性发展的最高形态。因此，实现个体个性自由全面的发展也是个性化教育的最终目标。

当前世界各国教育界一直在追寻的目标就是创新型及开拓型人才，创新性不但是个人价值的展现，同时也是国家兴盛的标志。创新包含了事物变化过程与事物变化结果两个方面的内容，通过一定的个性化教育教学活动可以培养一定的创新能力，从这个意义上来说，个性化教育与创新教育的内涵是相同的，也就是要始终致力于培养富于创新意识、创新能力的人才。对于高等教育来说，素质教育同个性化教育和创新人才培养也是可以画等号的。在素质教育的背景下，必然要求创新型人才逐步凸显个性能力，个性能力最基本的特质便是主观创造性。注重个性化教育的观念应当贯穿于现今的高校教育理念当中去，通过多种不同的教育手段，达到教学功能中人本思想的继承发扬。将教育者主导地位与教育者主体地位理念显现出来，是当前教育者的主要责任。个性化教育是个性全面发展、身心健康，具有创新精神和实践能力，并且能够满足社会发展对其需求的人才成长成才的必经之路。改革传统的教育教学模式，是培养学生创新能力的有效途径。

3. 个性化教育的原则

（1）适应性原则。适应性原则是个性化教育原则中最重要的一个，是具有指导意义的原则。个性化教育与同质教育是对立的，前者采用个性化的教育手段，促进个体的个性化发展，后者忽视个体的差异性，用相同的尺度来衡量所有的生命体。对每个个体来说，只有那些能够激发他们潜力的教育，才是真正的个性化的教育。教育实践活动的适应性要求教学要适应学生之间的差异，为学生提供符合其原有知识基础的教学内容，并采用符合每个学生发展状况的评价等来体现。个性化教育以人为核心，要求教育要适应个体发展的独特性和规律性，要求教师适应学生，为学生的发展提供服务。现实的生命个体是生活在社会中的人，不是简单的存在物，个体的社会活动和他们之间的社会关系构成了他们社会性的本质。因此，个性化教育并不否认教育对生命发展的要求。今天，社会的需要越来越多样，社会多样化也要求人才的多样化来满足社会发展的需要。因此，尊重个体的独特性，满足个体多样性的发展需要，促进个体的个性化和全面化的发展是社会发展的要求。

（2）独特性的原则。个性化教育的原则，既指向个体的个性化，又指向学校的个性化，既尊重个体的独特性，又要求学校特色化办学。这二者是相辅相成，相互促进的，个体的个性化发展需要学校提供个性化的教育，而学校的特色办学又能促进个体个性化的发展。遵循差异性原则，强调因人而异、因材施教，是个性化教育的客观要求。

（3）自主性的原则。主动性是学生发展所需的最主要的因素，主动性受到制约，那么积极性和自主性就会受到限制。因此，自主的能力不仅是个体存在的方式，也是独特人格形成的保障。自主性是人生而有之的，不是靠教育创造出来的，即使如此，自主性的重要性也要求个体完全拥有发展的主动性，教育不可以制约这种主动性。教育的宗旨是就是为个体提供成长发展过程中所需的环境，促进个体自由充分地发展。因而，教育必须扭转以教师为中心的教育模式，树立以学生为本的教育理念，使学生学会自我教育。

4. 个性化教育的特点

（1）个性化教育是创造性的教育。当代教育思想认为，每个人都是独特的个体，每个人都有自己的特点与才能，充分发挥特长，发扬个性，最终都能成才。当今社会需要的是创造型人才，创造力最开始源于思考的能力，而思考的能力来源于学习的能力。但是学习的能力并不等同于接受知识的能力，而应是指认知的能力。知识是固定的、已有的、经验性的，是静态的。而认知是动态的，正在发生的。认知虽然也会受到所学知识的影响，但是，认知也能够促进知识的生成。所以，教育不应该只是教给学生知识，更应该培养学生认知的能力。每个人的个性中都存在着一种较强的认知能力，这种认知能力能够促使个人在某一领域的主动性和求知欲胜过任何一个方面。因此，个性之中都包含着无限的创造性，这种创造性受到主动性和求知欲的驱使，成为个性发展的基础。无个性，不创造。如果能够充分发展个性，就能够培养一个人的创造力，从而有效地促进他的全面发展。

（2）个性化教育是适应性的教育。个性化教育的适应性要求尊重学生之间的差异性，采取适合学生的教育方法和手段，使这种独特的教育行为贯穿学生学习的始终，这个过程包括学习动机的产生、学习内容的选择、学习行为的实施等阶段。适性教育是依据学生的个性、人格、兴趣以及能力等方面的差异，为学生提供适合他们的教育。适性教育也是强调人的发展需求，重视学习的过程，通过激发学生的兴趣，引导学生的积极性，来促进学生身心全面发展。

（3）个性化教育是独特性的教育。个性化教育充分尊重学生的独特性和差异性，是超越道德和人格，直击生命的体现，是"以学生为本"的教育理念的体现。一是尊重个体的个性。一个人就是一种个性，一个人的存在就是一种个性的存在，教育是对人的教育，因此教育要尊重人的个性发展，从根本上认识到个体个性发展的重要性。二是尊重个体的需要。需要是发展的动力，发展就是不断满足需要。个性化教育既要尊重学生的需要，使学生能够享有自己独特的教育与学习方法，满足学生个性化学习的权利，又要引导学生的需求，使其向着对个人和社会有利的方向发展。每个学生都是独特的生命个体，他们之间存在着差异，这种差异既表现在先天的因素上又表现在后天的发展上。先天因素的不同导致某些学习能力的差异，后天的学习风格与能力也会因为先天和后天的因素而产生差异，所以，教育就要根据这些差异采取不同的教学策略和方法。

（4）个性化教育是全面性的教育。个性化教育摒弃了平均发展，重视各方面的协调发展。个性化教育认为，只要为人提供了最适合的教育，人就可以将自己的优势充分发挥出来，取得突破性的进展。人的各要素之间是相互协调、相互作用的关系，在某一方面的突出成就会对其他方面产生积极的带动作用。人的全面发展是从质和量两方面来说的，首先，个性的整体是由各要素之间的和谐构成的，和谐就是优质的；其次，个性化教育的全面性还指教育对象的全面性，它面对的是所有学生，所有的生命个体，根据每个人不同的特点进行教育，所以必须面向学生。从后者来说，个性化教育与精英教育不同，不是面向少数的尖子生，而是强调每个学生都要发展到最高点，这是教育从为少数人服务转向为所有人服务，从精英教育转向全民教育的证明。

（5）个性化教育是渗透性的教育。个性化教育以学生为主体，重视学生的需求，引导学生自主学习、自我认识，通过学生主动性的激发，启迪他们的创造性，在这种潜移默化的过程中促进学生的全面发展。个性化教育不仅渗透到了学生日常学习的全部过程，还渗透到了教师教学的全部过程，从教学内容和教学方法等方面给予学生影响，使学生在学习过程中通过认识自我、研究自我、总结自我等方式提升自身素质，最终实现全面发展。

第二节 高校体育教育教学理念的发展与创新

一、三基论与体质论：学校体育教育理念主线

（一）三基论的内涵

中华人民共和国成立后，百业待立，百废待兴。出于当时的需要，我国在教育思想、内容、手段和方法等方面较多借鉴了苏联。这种体育理论是以马克思主义的思想基础为根基，以巴甫洛夫条件反射学说为自然科学基础和凯洛夫的教育教学原理融汇形成，其理论特点是强调体育的阶级性和"工具论"。

体育教育与社会发展相适应，在阶级社会里永远具有阶级性，为统治阶级服务，强调体育教育的统一性，有统一的教学大纲、教学内容。重视传授知识、技能、技巧，重视共产主义思想品德教育。实事求是地说，学校体育思想是以传授体育基本知识、基本技术、基本技能即"三基论"作为学校体育教育的指导思想的。

（二）体质论的内涵

体质论教学观兴起于 20 世纪 70 年代末到 80 年代初，从提高整个中华民族素质着眼，将增强人民体质作为探讨学校体育问题的根本立脚点和依据，强调学校体育应适时地为促进学生身体的生长、发育与增强学生体质服务。这种思想认为体育教学应增强学生的体质，培养德、智、体全面发展的人才。恪守体质教育的学校体育工作者认为，只有体质教育得以深入贯彻，才可以拯救中国当时学校体育绩效不佳的局面。

当时，在政府部门以及体育界的大力推广与宣传推动下，体质教育思想成为当时甚至是目前最为重要的学校体育思想之一。"真义体育"在中国学校体育教育领域的实施，得到了众多体育教育界工作者的赞同与推崇。中国学校体育在体质教育的麾下成长了十几年的光景。应该说，学校体育何以成功地控制与评定需要生理生化数据的真实反映，这是得以认可的最直接、最现实的表现。

（三）"三基"论与体质论作用的历史界定

"三基"学校体育思想与体质学校体育思想经过各自的发展与相互碰撞，

对于中国学校体育的发展起到了极大的作用，并取得了令人瞩目的成就，这是不可讳言的。因此，为了更好地评判学校体育思想的得失，应该在把握学校体育实质的基础上，检验学校体育思想对学校体育某一领域认知与把握的影响。

"三基"学校体育思想根据学校体育操作性特征的把握，将基本知识、基本技术、基本技能作为"可为领域"的预设，在认知、理解、解释的统一性上是不冲突的；同理，体质学校体育思想基于显性体质检验的需要，采用"物理评判手段"的方法也是无可厚非的。至于当下对于以上二者的批判更多的是方向（价值视角）上的，而不是手段上的。这种评判角度的选择并无意诋毁学校体育特定思想的优劣，旨意在于明确学校体育思想视角。所以说，对于学校体育思想当下的考量视角应该锚定在如何更好地发挥思想固有功能—价值取向上，而不是为了否定视角选定的偏狭。"事实上，我国学校体育界一向就有两大思潮的纷争，其中一种思潮倾向于学校体育主要是为增强学生体质服务的。持此观点的人士被称'体质派'。他们当中的多数对此称谓亦自认不讳。另一种思潮则针锋相对，极力主张学校体育要突出基础知识、基本技术和基本技能的传习。据此观点的人士便被称'三基派'。"❶由于对学校体育"真义"的迫切需求，"两论"在思维认知上都想占有学校体育建设筹划的全部。"所谓'体质派'与'三基派'之争，确实是我国学校体育系统中的基本矛盾。"❷在一定意义上而言，"事实是根据概念图式有关经验的一种陈述"，源于学校体育的本质认识，理论的解释都是存在特定视角方面的理由的，是在综合考虑了时代特征、现世需要、社会认知程度的基础上，勾勒当时学校体育价值视角的明确与择用，对于它们的价值应审慎处置。

二、学校体育思想多元并举的审视

历史的脚步迈进 20 世纪 80 年代中后期，基于中国改革开放之势，以及学校体育发展自身的迫切需求，学校体育思想进入了"百花齐放、百家争鸣"的假设论证阶段。学校体育界就学校体育应该"跟着谁走"的问题展开了讨论与争辩。基于以往学校体育思想过于"体育化"视角的认知与建设，学校体育界深刻体会到"小学科建设"初衷的狭隘，将置学校体育于孤立发展的危险状态。因此，在充分尊重学术争鸣的原则下，中国学术界在形式上对于学校体育思想多元开发与建设给予包容与兼顾。学校体育思想在此后历史阶段处于多元探究的状态。多元指向学校体育思想呈现"百花争艳"的态势，在理解上更加全面地解读着学校体育的"应然"把握，为学校体育的发展提供了可以选择的取向。

❶ 张洪潭．体质论与技能论的矛盾论 [J]．体育与科学，2000(1):8-16.

❷ 张洪潭．体育教学思想起论、互补原理与技术健身论 [J]．上海体育学院学报，1994(1):89-96.

但是，源于"思维偏向固着"❶的禁锢，形式上的多元诉求隐藏着一元极端的伸张意图，学校体育思想多元并举的局面，实际上却演变成了"流派"地对抗或思想路径的对抗。在这种情况下，学校体育多元的视角诉求并未形成合力，而是在互相消抵着彼此的指导价值。学校体育思想的价值表征见表1-1。

表1-1 学校体育思想的价值表征

含义解读	快乐体育思想	全面教育体育思想	终身体育思想	健康第一思想
旨的	通过体育教学实践，追求运动的快乐，将运动过程中遭遇的困难与克服困难体验到的愉悦情绪相协调，强调学生触摸到参与体育的快感，将学生在体育教学活动中的心理体验作为教学是否成功的重要措施与指标	以增强学生体质为起点，基本知识、基本技术、基本技能教授为手段，思想教育为导向，社会教育为辅助，培养学生德智体美劳全面发展的素养，全面发展学生身心健康	将培养学生终身体育的习惯与能力作为学校体育建设的主要目标和任务，强调体育和体育活动不只是人生某个阶段的活动，而是伴随人的一生所必需的生活需要和生活内容	强调在增强体质的基础上，发展人的心理品质、社会性品质，促进人的身心和谐发展，为学生"立体健康"服务，在保障生物学功能得以实现的基础上，兼顾学校体育对于学生心理建构和社会适应方面的作用
表意	体验运动快感，激发学生自觉主动地参与体育运动的兴趣，强调教学结果，重视教学过程，注重身体的锻炼，关注心灵的塑造	以马列主义思想为考据，培养学生德智体美劳全面发展的素养，育体与育人相结合，进行全人教育	一是指人从生命开始至生命结束过程中学习与参加身体锻炼的总和；二是以体育的体系化、整体化为目标，为人在不同时期、不同生活领域中提供参加体育活动的技术支持	关注学生身体、心理、社会适应以及道德方面的培养，注重"三层次五目标"教育目标的实现
价值视角	情感价值取向	维度价值取向	时间价值取向	人文价值取向

三、学校体育思想耦合路径整构

（一）学校体育思想的兼容并蓄需求

体育学界深切感知到有必要营造学校体育思想部分之和大于整体的景象，纷纷建构各自的学校体育思想架构见解，并出现了两股颇有影响力的导向认

---

❶ 沃克·索尔克.弹性思维：不断变化的世界中社会—生态系统的可持续性 [M].彭少麟，译.北京：高等教育出版社，2010:23.

识。例如，以终身体育思想作为学校体育主导思想的学者认为，终身体育作为学校体育长效目标的设定与追求，是统领学校体育其他指导思想的最佳选择；以终身体育思想作为学校体育改革与发展的主导思想，这是学校体育观念演变的必然，也是推进学校体育改革和全民健身的现实需要。❶而以"健康第一"思想作为学校体育主导思想架构思路的学者认为，学校体育教学思想的核心在于建立"健康第一"这一支点，"健康第一"本身所蕴含的特性成就了其统领其他思想地位的确认与确定。❷学校体育思想构架试图在终身体育与"健康第一"二者的各自统一之下，谋划着自圆其说的理论规划。应该说，构建学校体育思想的初衷是好的，有利于学校体育思想效力发挥的最佳整合。然而，"各美其美，美人之美，美美与共，天下大同"的诉求，如果是在没有坚定的起点设定基础上进行的，始终是过于形而上化。以某一思想作为学校体育主导思想构建的思路并不圆满，就在于这一学校体育思想整体构建意图是在思想版本诠释的基础上进行的，是在学校体育这一实体缺席的前提下对于思想进行的优劣规划，是一种比较思想论。现行的整体论建构在学校体育思想方面的实施是不完满的，以特定思想文本为起点的问题思考形式，不可避免地侵浸着价值臆判的阴影，不足以澄清学校体育发展的本性之选。

（二）学校体育思想耦合的理论构建与实践路径

理论建构的意义在于实践功效的取获。失去了对这一底线的把握，事物发展的指导意义就会异化。由于学校体育思想多元化的理念推及，学校体育的内在价值被分解在不同的思想版本中，学校体育多条腿走路，这是学校体育发展的历史宿命。然而，为了避免学校体育思想间互相抢占学校体育指挥权的混乱局面，如何最优化地规整学校体育思想导向的整体意义，则需要将诸多学校体育思想拧成一股绳，实现学校体育理论的最优化回报。

学校体育思想走出象牙塔的途径并非是以理论的基调调控学校体育的现实状况，或用框框辖制学校体育的鲜活，实现程序化、平行化的下放，这样不仅挫伤了理论的导向价值，更是对于时空条件限定下学校体育的无视。因此，在思想指导实践的道路上，学校体育思想只是被裁剪了思想的核心要素，在实践中形成思想间要素凝合的动力。学校体育思想作为文本的考量是一种断面审

❶ 陈琦.以终身体育思想作为学校体育主导思想的研究 [J].华南师范大学学报(社科版)，2003(1):105-111.

❷ 喻坚.以"健康第一"思想作为学校体育主导思想的研究 [J].北京体育大学学报，2005(5):661-665.

视，是一种视角占有的界定与解说。它们都不是圆满的学校体育建设规划❶。每一种思想都不足以承担学校体育总体建设的重任，如若秉承兼容并蓄的原则，则必须在确保思想发挥效力的基础上进行。

实践是检验真理的唯一标准，在整合了学校体育思想理论构架的基础上，学校体育思想体系的效力释放也是需要进行适时调整的，并非一劳永逸地照搬理论。学校体育思想体系的理论构建，只是在一般性上实现了它效力释放的结构基础，至于在实践中，则应经过限定条件和体育实践的筛选，将学校体育思想体系进行弹性化的响应设置，形成适应现实学校体育开展的有针对性的指导方略。

在审视学校体育思想实践中的融汇起效时，必须诊视学校体育可考参数的实际状态，有的放矢地针对实际状况进行操作。❷将学校体育思想的"所指""能指"与学校体育实践层面进行对接，是学校体育思想体系实现优化理论导向的有效保障。基于上述思维路径的考究，在学校体育思想整体论构建的过程中，对于学校体育思想体系的考量要切实经受学校体育实施过程的检验，以此形成各种学校体育思想的致力空间。在此基础上，构建学校体育思想整体规划蓝图与实施保障。总而言之，理论与实践的关系是相互促进、互相携助的关系，并不存在谁指挥谁的权利。学校体育思想的建设要确保活性，就必须规避理论与实践的二元论分歧，实现学校体育实体与思想无隔阂的统一。

四、现代教育理念下体育教学的发展走向

（一）终身体育教育将得到进一步加强

在很长一段时间里，学校体育教学往往注重学生的体质发展，而忽略了对学生体育意识、兴趣、习惯和能力的培养。随着我国对学校体育作用认识的不断加深，培养学生终身体育意识已经成为当前学校体育改革与发展的一个共识。1995年，国务院颁发的《全民健身计划纲要》指出："要对学生进行终身体育的教育，培养学生体育锻炼的意识、技能与习惯。"这一规定的出台，在当时预示着学校体育要把终身体育这个思想贯穿于体育教学当中去。颁发于1996年的《全日制普通高级中学体育教学大纲》又进一步明确提出："掌握体育的基

❶ 江文奇，袁国良，刘广路.学校体育思想回报总和最优化的实施平台构建研究 [J]. 山东体育科技, 2014,(4):87-91.

❷ 邵伟德.我国现代各种学校体育思想的比较与指导思想框架构设 [J]. 北京体育大学学报，2002(6):800-802.

础知识、基本技能，提高学生的体育意识和能力，为终身体育奠定基础。"出台于 2001 年的中小学《体育（与健康）课程标准》指出："学校体育是终身体育的基础，运动兴趣和习惯是促进学生自主学习和终身坚持锻炼的前提。"颁发于 2002 年的《全国普通高等学校体育课程教学指导纲要》指出体育课程的目标是使学生"基本形成自学锻炼的习惯，基本形成终身体育的意识""熟练掌握两项以上健身运动的基本方法和技能，能科学地进行体育锻炼"。颁发于 2003 年的《普通高中体育与健康课程标准》在课程理念中也指出："高中体育与健康课程十分重视培养学生的运动爱好和专长，促进学生体育锻炼习惯和终身体育意识的形成""奠定学生终身体育的基础"。这些规定都表明，学校体育教学必须要以培养学生终身体育意识为重要目标。目前，经过一系列的体育教育改革后，学生的终身体育意识都得到了一定程度的加强，但是这还不够。在新的形势下，各学校要进行更为深入的改革，提高学生的体育意识，培养学生正确的体育价值观，使其掌握科学的健身知识与方法，养成经常锻炼的习惯。

（二）体育教学内容将更加丰富

随着时代的发展，体育项目将越来越多样化，学校体育教学的内容也会随之改变，一些具有时代特征的现代体育项目，如攀岩、跆拳道、体育舞蹈等，会越来越多地走进学校中。一些个性健身类项目，如健身操、越野跑、山地自行车等，能够较好满足学生的需要，会越来越受到学生的重视。一些娱乐性强的休闲体育项目，如保龄球、滑板、台球等，也将会因为能够满足学生身心愉悦的需求而受到学生的喜爱。另外，一些民族、民间体育项目，如踢毽子、跳竹竿、荡秋千等，将会为学校体育所开发与利用，以满足学生健身、娱乐等多种需求。总之，学校体育教学将向内容多样性的方向发展，特别是具有健身、健美和娱乐功能的体育项目，将会受到学校体育教学的青睐。

（三）体育教学组织形式将日益多样化

在 21 世纪，人们的"终身体育"观念得到不断的加强和深化，学生体育的主体意识也不断得到增强，受此影响，学校课外体育的组织形式将更加多元化。学校体育教学组织形式日益多样化主要体现在以下几点。首先，体育俱乐部将成为体育教学的重要组织形式，这些体育俱乐部将会呈现出两种性质，一种是竞技体育俱乐部，以发展学生体育特长、提高运动技术水平为目的；另一种是群众性体育俱乐部，以健身、健美、娱乐为目的。其次，体育社团将在大学、中学得到发展。学校体育社团一般由学生会、团委出面发起组织，大多会以单项体育协会的形式出现，如篮球协会、游泳协会、健美协会等，随着学校体育项目的增多，体育社团也会相应地增多。最后，非正式学生体育群体将会越来越活跃。一些学生会因共同的体育爱好组成小团体，按照约定俗成的习惯以及相互间的感情来进行维系。目前，这种组织形式已经出现在学校中，只要加以正确的引导，这种组织形式将会越来越活跃。

（四）体育教学将呈现出地域性和层次性

我国历史悠久，幅员辽阔，体育课程资源有着明显的地域性特点。目前，我国实行的是国家、地方和学校三级课程管理体制，在课程管理方面，国家只制定课程标准，提出了课程的整体目标，并没有对课程内容做出硬性的规定，这就给了地方和学校很大的选择自由，让他们可以根据自己所拥有的课程资源、气候特点、地理条件、体育传统等，选择符合自己实际情况的、为广大学生所喜闻乐见的体育课程内容、课外体育活动及课余训练内容，从而让学校体育教学的地域性特点更加显著。此外，伴随着大众对教学活动认识的逐步深入，教育者也更加重视学生的主体地位，根据学生的具体特点开展相应的教育是教育的发展走向，也是学校体育教学的发展走向。《体育（与健康）课程标准》强调指出："关注个体差异与不同需求，确保每一个学生受益。"关于这一点，目前我国的学校体育还没有完全做到，因此，实施因材施教，分层次教学是学校体育教学的发展趋势之一。只有根据学生的身体条件和运动技能，采用不同的教学策略、评价方法，才能够让学生不断地进步。不仅是体育教学，在课外体育活动与运动竞赛中，也可以采用分层次的方法来促进学生体育习惯的养成。

（五）体育教学将与社区、家庭形成一体化建设

体育教学的发展离不开社会的发展与进步，全民素质的提高也不仅仅是依靠学校一方就能够完成的，因此，体育教学需要与社会（社区）、家庭紧密联系，形成一体化的建设，实现学校体育课内外与校内外的统一，需要与社会教育、家庭教育特别是大众传播媒介的"隐性教育"结合起来，共同促进学生的全面发展与提高。

第二章 高校体育教学内容的变革与发展

第一节 体育教学内容概述

体育教学内容是体育教学工作者在进行体育教学时的主要参考，因此体育教学内容在体育教学中占据非常重要的地位。再加上体育教学内容所涉及的知识点较为繁杂、宽泛，因此，对于体育教学工作者而言，体育教学工作必须建立在对体育教学内容充分了解的基础上。

一、体育教学内容的概念

体育教学内容是指以健康教育为目的，以身体练习、运动技能和教学比赛等形式为手段，通过课堂教学实施，可以在教学环境下进行教学内容的总称。因此，体育教学内容和其他教学内容一样，都具有明显的教育性、科学性和系统性的特征，但是它与其他学科又有着明显的区别，体育教学内容突出的是实践性，师生在课堂不是封闭静止的，而是互动的、全开放的。另外，体育的许多教学内容来源于现实生活提炼，因而它又具备一定程度的娱乐性、观赏性和竞技比赛性。体育教学内容包含两层含义：

（一）体育教学内容有别于一般的教育内容

首先，体育教学内容是依据体育教学目标而选择的，在制定目标时充分考虑了学生身心发展需要、教学实际条件等因素。其次，体育教学内容是以身体活动为基本手段来进行的教育，以身体锻炼、身体练习、运动技术与技能学习和教学比赛等组织形式为主的教学形式，而语文、数学、英语等学科则是以理性知识传授为主的教育。

（二）体育教学内容有别于竞技运动的内容

竞技运动中的训练虽然也有育人功能，与体育教学类似，体育教学和竞技运动的内容都是运动项目而且大部分相同，但二者的目的和对运动项目的运用都有很大差异：体育教学以培养健康的合格公民为目的；竞技运动以培养高水平运动员和评出优异运动成绩为终极目标；体育教学内容需要根据社会发展进行必要的改造、组织和加工，而竞技运动内容不必和不允许进行改造。即使是相同的运动项目，二者对受教育（训练）者在体能发展的水平和动作技能的标准化程度等方面上的要求也迥然不同。

由于体育教学内容在形式、性质和功能上的多样性，使得体育教学内容在选择、加工、组织和教学过程控制中变得更加复杂。

二、体育教学内容的特点

（一）实践性

体育教学内容以身体锻炼、身体练习、运动技术与技能学习、教学比赛等组织形式为主，身体活动是这些教学内容的共同特征。身体运动的实践性是体育教学内容最突出的特点之一。这里的实践性是指体育教学内容绝大部分都与由骨骼支持的身体运动实践紧密相关，受教育者本人必须亲身参与这种以肌肉运动为特点的运动时才可能学会这些教学内容。体育教学内容中的知识学习和道德培养，也必须通过运动过程和体育学习情境氛围以及运动中的本体肌肉感觉和情感体验才能最终获得，这是与其他学科教育内容最根本的区别。

（二）健身性

由于体育教学内容以身体活动为基本手段，体育教学必然会对身体形成一定的运动负荷。因此，在运动方法和运动负荷合理的情况下，体育学习和练习自然会对身体产生锻炼的作用与效果。虽然由于教学时间的安排，运动负荷的大小、多少和学习目标的优先级等各种因素而经常处于非自觉状态，但只要在选择、分析和设计体育教学内容时根据受教育者不同的身心特点将这些健身性的内容进行科学的设计和控制，在体育教学中将以锻炼身体不同部位为主的内容进行搭配，在教学过程中对运动负荷大小进行合理安排，对每个教育内容的健身效果进行评价并反馈改进教学，就可以最大限度地发挥体育教学的健身效果。

（三）娱乐性

由于体育教学内容大多是竞技性的运动项目，参加者在这些运动过程中的学习、竞争、协同、挑战、表现、战胜、超越等心理体验和成就感、卓越感等，都会让人产生愉悦的审美体验。当学生在教学过程中真正感受到这种愉快的体验时，就会强化在体育教学中对运动乐趣的追求动机，这也是体育教学内容与其他文化课内容的重要区别。

（四）层次性

体育教学内容具有鲜明的层次性。体育教学内容的层次性表现在：其一，体育教学内容内在的层次性，即体育运动的内在规律使体育教学内容的技术与战术之间、内容与内容之间存在着由简单到复杂、由易到难的递进式的层次性，这种内在层次性可以相互联系和相互制约，如篮球运动中的运球、传球等基本技术是篮球战术学习的基础，田径教学中的短跑教学内容是跨栏跑教学内容的基础等。体育教学内容的内在层次性是我们编制体育教学内容的依据。其二，体育教学内容的外在层次性，即学生的生理、心理和社会特点等外在因素也具有递进式的层次性，这使得体育教学内容的安排应具备系统性、逻辑性并与以上层次性因素相适应。

（五）开放性

体育教学内容大多是以集体活动形式进行的运动学习和运动竞赛，这种集体活动又多是以队形变化、分组学习、分组练习来组织进行的。在运动学习练习和比赛中教师与学生、学生与学生可以自由地相互交流，互动频繁。具体以分组形式学习，要求"角色扮演"分工明确，在体育学习中的"社会角色"变化远远多于其他学科的学习。所以，体现出体育教学对学生集体主义精神、竞争意识、协同能力培养的独特功能。

（六）约定性

体育运动项目或身体练习方式是在一定的时间、场地、空间或在专门器械上，按照约定的规则和程序进行的，如"田径""郊游""沙滩排球""户外运动""沙地网球""平衡木""撑杆跳"等。也就是说，如果这些项目离开了特定时空的制约，其内容和形式就会发生质的变化，甚至内容本身就不存在了。由于体育教学内容的时空约定性，使体育教学内容对运动的时空有很大的依赖性，也使场地、器材、规则本身成为体育教学内容的制约因素。

第二节　体育教学内容的目标与要求

体育教学的内容来源于人类发展的各个时期，其教学内容的目标和要求都具有很强的时代性。这主要是因为体育教学内容由当地民众的文化水平、地域气候条件、社会政治经济发展状况、生产力水平、科学技术水平等因素决定。

一、传统性体育教学内容的目标和要求

传统性体育教学内容主要是指运用传统的教育方法对学生进行体育运动技能培训的一种形式，是体育教学内容中一直存在的锻炼项目。虽然体育教学内容随着时代的不断更迭而持续变化，但是传统性体育教学内容因其积极的教育作用仍然在教育界中占据很重要的地位。下面将对一部分传统性体育教学内容的目标和要求进行简单地叙述。

（一）体育保健

体育保健教学内容的目标：通过体育保健基本知识和原理的传授，首先让学生深刻地认识到体育教学在人的成长过程中的重要作用，学习体育运动对国家、社会的重要作用，从而激发学生对体育锻炼的使命感，使他们自觉地参加体育锻炼。除此之外，通过体育保健基本知识和原理的学习，学生能够了解一些体育学习的必要知识，形成对体育教学的正确认识。

体育保健教学内容的要求：体育保健教学内容的编写应该结合当前社会的状况、学生的实际需求等方面进行，并且精选一些对学生的实际生活和成长有较重要影响的体育运动项目，保证内容的真实性和目的性。同时在对这类内容进行教学的过程中，要结合实际操作进行演示，有益于学生掌握和接受。

（二）田径运动

田径运动是常见的运动项目，其主要包括跑步、跳高、跳远、投掷等内容。田径运动教学内容的目标：通过这项运动，学生能够了解田径运动的一般规律和基本知识，清楚地认识到田径运动对他们成长过程中身体素质培养的重要意义，掌握一些田径运动相关的基本原理和方法，掌握一些基本的田径运动技能，通过生活中的不断练习，达到增强学生体质的目的。

田径运动教学内容的要求：在设计田径运动教学内容的时候，不应该单单从竞技类运动的角度划分、分析田径运动的教学内容和作用，应该从文化、运动特点、技能作用等多方面进行教学内容的设计和组织，这样才能让学生更科学地掌握田径运动的基本知识，并且将获得的田径运动知识和技能正确地应用到健身实践中去。由于田径运动会使肌体产生一定的负荷，负荷强度太高会对肌体造成一定的损害，强度太低则达不到运动的效果，所以在教学过程中，应该根据学生的身体特点灵活教学。

（三）体操运动

体操运动是体育教学中的重要组成部分，由于其对人体的平衡和形体的训练有着非常积极的作用，体操这一运动颇受广大高校学生的喜爱。体操运动教学内容的目标：第一，在教师的指导下，让学生充分地了解体操运动文化，了解体操运动对人体健康的作用；第二，让学生掌握一些基本的体操运动技能和方法，使学生能够在日常生活中使用体操来锻炼身体；第三，让学生能够安全地从事体操运动，并且掌握一些体操比赛的基本常识和技巧。

体操运动教学内容的要求：体操不仅能锻炼人体的平衡性、协调性和灵活性，而且能对学生进行心理方面的积极引导和教育。因此，要从竞技、心理和生理等多视角来对体操教学内容进行分析。在教学内容的编排上要保证一定的层次性，不能总是停留在低水平的层次上。在教学过程中，要根据学生的身体特点，开展合理的训练，如有些平衡能力较弱的学生，应该对其进行更多有关平衡能力的练习，做到因材施教，这样才能保证教学质量的提高。

（四）球类运动

球类运动是一种常见运动，其主要包括足球、篮球、乒乓球等运动。由于球类运动是一项充满活力和竞技趣味的运动，因此很受当今高校学生喜爱。球类运动教学内容的目标：第一，让学生充分地了解球类运动的基本概念和球类运动中的一些比赛规则；第二，使学生能够掌握一些球类运动的技能和技巧，以及参加球类运动比赛的基本技能和常识性知识。

球类运动教学内容的要求：球类运动虽然是一项群众性的运动，但其技巧和方法较为复杂，因此在筛选教学内容的时候不能只对球类的单个技能进行教学，而忽视其与比赛之间的联系，否则就会失去球类运动的基本特性，同时还要注意教学内容选择的顺序性与实战性之间的联系。在教学过程中，要注重对技能的训练和对学生团队合作精神的培养。

（五）韵律运动

韵律运动其实就是一些类似于舞蹈、健美操、体操等的运动项目，韵律运动与其他运动最大的区别就是将舞蹈与运动相结合，在音乐节奏的作用下，实现了两者的完美结合，因此，韵律运动是当今女性尤其喜爱的一种运动。韵律运动教学内容的目标：使学生了解韵律运动的基本特征，了解从事这一项运动应该遵循的基本原则和规律，掌握一些基本的技巧和套路。除此之外，还可以通过此课程的学习，塑造学生优美的形体。

韵律运动教学内容的要求：因为韵律运动是一项表现运动，同时又是一项塑造形体的运动，不仅涉及音乐、艺术方面的因素，还涉及美学方面的知识，因此，韵律运动教学内容应该从学生审美观的培养、舞蹈音乐的了解和掌握等全面地、多角度地加以考虑。韵律运动教学内容还要强调对学生创新能力的培养。

（六）民族传统体育

民族传统体育是一个民族精神和文化的代表，反映着一个民族的发展历史。通过对民族传统体育的了解和研究，将其教学内容的目标确定如下：第一，借助这些民族传统体育的讲授，让学生对民族文化有更深的了解；第二，使学生学到一些民族传统体育的技能，既可以防身又可以继承和弘扬民族文化，如中国武术。

民族传统体育教学内容的要求：在编排内容时，不仅要结合学生的特点以及现代人的生活方式，而且要强调内容的文化性和实用性，特别是对民族传统体育文化背景和意义的介绍和揣摩。在教学过程中，要注意对学生兴趣的培养。

二、新兴体育教学内容的目标和要求

随着社会的不断发展，人们生活水平日益提升，科技不断进步，促进了各国政治、经济、文化的迅速创新和发展。在这种社会背景下，新的体育运动项目也逐渐兴起。研究新兴的体育教学内容有助于优化体育教学的结构。通过对体育教学内容的不断研究和分析，将新兴体育教学内容总结如下。

（一）乡土体育

近几年来，教育改革的不断深入、教育内容的不断创新、课程资源的不断开发，引起了广大体育教学研究者的重视，一些具有积极锻炼意义、散发着浓烈的乡土气息的运动项目重新登上体育教育的舞台。这类乡土体育运动的教学目标是，让学生对民间体育和民俗风情有更深的了解，使学生掌握一些具有地区特色的民俗体育知识和技能，促进当地传统文化的继承和传播。

乡土体育教学内容的要求：由于这类体育项目来自民间，具有民俗文化的传播作用，因此，要注重其内容的文化性、安全性、锻炼性和规范性，同时剔除一些不利于文化传播或是正能量传播的因素，摒除一些错误的实践。

（二）体适能与身体锻炼

随着社会对学生的身心健康全面发展要求的不断提高，一些针对性较强的体育锻炼作为培养学生身体健康的运动被正式带进课堂。这些内容与教师对此运动的实践技能的传授相结合，共同发挥着提高学生的身体素质和运动素质的作用。体适能与身体锻炼教学内容的目标：体育教师应该通过这一部分教学内容有效地锻炼学生的身体，让学生掌握更多实践锻炼和运动的原则和方法，帮助他们更好地提升运动技能。

体适能与身体锻炼教学内容的要求：由于这是对学生体适能的锻炼，因此要结合学生身体素质的状况，遵循体育锻炼时的基本规律，要注意锻炼的针对性、科学性和时效性，同时注意内容应该符合国家规定的关于学生体质健康的实行标准。

（三）新兴体育运动

由于新兴体育运动教学的内容具有时代性，因此教师在教学时要注意对体育教学目标的掌握，现经过分析和研究，将新兴体育教学内容的教育目标总结如下：使学生掌握一些比较流行的体育运动文化，提高学生对新兴体育运动教学内容的兴趣，同时提高体育教学在终身教育方面的实用性，从而提高体育教学的质量。

新兴体育运动教学内容的要求：由于是一种新兴的体育教学内容，所以在选用这种教学内容时，首先要保证其符合教学条件的基本要求，其次要注意体育教学内容的文化性、教育性、安全性和实践性，同时注意对教育内容的筛选，杜绝不利于学生成长的体育内容。

（四）巩固和应用类课程的基本教学内容

巩固和应用类课程的基本教学内容是新课标要求下的一种教学内容，而且是随着活动课程的发展而不断形成的，其教学内容的目标是，通过此类教学内容的学习，巩固学生有关体育教学的基本知识和技能，并能够将其与运动实践相结合，借此提高学生的体育锻炼技能以及在参加体育活动方面的常识和能力。

巩固和应用类课程的基本教学内容的要求：在选用教学内容时，应该注意将其与学科内容和体育教学内容完美地融合，同时注意对内容的延展性和应用性的掌握，注意对学生在体育教学活动中的创新能力和创新意识的培养，使学生能够进一步拓展所学习到的知识和技术。

第三节 体育教学内容的编排与选择

一、体育教学内容的编排

（一）体育教学内容的编排模式

在对体育教学的课程内容进行排列组合时应坚持一定的策略，目前，体育教学内容的主要编排方式包括螺旋式排列和直线式排列，同时还包括以上两者综合在一起而得到的混合型排列方式。这里重点对螺旋式排列和直线式排列这两种体育教学内容编排模式进行详细分析。

1. 螺旋式排列

体育教学内容的螺旋式是当某项运动项目的教学内容的有关方面在不同年级重复出现时，逐步提高教学要求的一种排列方法。

在历来的教学大纲当中，只模糊地说明一些锻炼身体作用大的教材是适合用螺旋式排列来进行编排的，事实上，并不是仅仅锻炼身体作用大的教材才适合于螺旋式排列的编排方式。这是由于一些兼具难度和深度的教学内容，总是要求学生熟练掌握运动技能，这些教学内容也适合于用螺旋式排列方式。

2. 直线式排列

与螺旋式教学内容的排列方式不同，直线式教学内容的排列意味着，学习了某一体育运动项目和身体练习之后，相同的内容基本上不再重复出现。

随着体育教学的发展，如何更加科学地对体育教学内容进行编排，以实现更好的教学效果，要求体育教学工作者在体育教学内容的编排过程中，注意考虑体育教学内容的循环周期现象。

研究表明，在体育教学内容的编排中，存在循环周期的现象。这种循环是指，在同一教学内容中，在不同的学段、学年等范围中进行的重复安排就是循环周期现象。这种循环的周期有的是课，有的是单元，有的是学期，有的是学年，甚至有的循环是在某一个学段中。以跑步为例，一节体育课上要进行100米跑，下一次课当中仍要进行100米跑就是以课为周期的循环。在一个学期内安排 100 米跑，在下一个学期内的课程上仍要安排 100 米跑就是以单元和学期为周期的循环。以此类推。结合上述理论，我国体育教学学者根据不同的内容性质而将体育教学内容的编排分为以下四类。

（1）"精学类"教学内容——充实螺旋式。

（2）"粗学类"教学内容——充实直线式。

（3）"介绍类"教学内容——单薄直线式。

（4）"锻炼类"教学内容——单薄螺旋式。

以上四种体育教学内容编排方式很好地满足了新课程标准中对体育教学内容的要求，并根据体育教学内容中的自身理论，结合当前体育教学内容中的各种情况，创新地将各个方面的内容合理编排在体育教学中，所以在体育教学的发展改革中，上述几种编排方式都非常适用，有利于体育教学目标的实现。

（二）体育教学内容的编排方法

1. 简化的教材化方法

简化的教材化方法具体是指将各种高水平、正规的竞技运动项目在各方面（包括竞赛的规则、技术、器材和场地等）进行简化，从而使其能够更好地适应体育教学活动的开展。这种方法是现代体育教学中，对教学内容进行教材化最为常用的一种方法。简化教材法能够使得教学内容与学校的条件、学生的能力与需求、教学的目标及教师的教学能力等各方面相适应，使教学更具操作性。

2. 理性化的教材化方法

理性化的教材化方法主要通过对各种运动项目所包含的各种运动原理和知识等方面进行充分的挖掘，并将其组织安排在教学过程中的一种教材化方法。这种教材化的方法适用于具有一定体育基础的学生的体育教学。

3. 实用化、生活化、野外化、冒险运动化的教材化方法

实用化就是使得教学内容与实用技能相结合；而生活化则是教学内容与日常生活相结合；野外化则是将正规的场地变为野外的非正规场地，或将各种场地运动转变为各种野外运动；冒险运动化就是增加一定的惊险性，激发学生的学习兴趣。这些方法能够与现实生活各种需求相结合，增加教学内容的趣味性，提高学生的学习兴趣。

4. 游戏化的教材化方法

很多体育教学内容都比较枯燥，如跑、跳、投、体操、游泳等运动项目，因此在选择好教学内容后还需要对其进行一定的改造，而常用的方法就是游戏化的教材化方法。这种方法是将这些单调的运动用"情节"串联成游戏，提高参加者的兴趣，而同时又不会在很大程度上改变练习的性质，依然可以很好地达到增强练习效果的目的。

5. 运动处方式的教材化方法

运动处方式的教材化方法是指以遵循锻炼的原理为基础，对运动的强度、重复次数、速率等因素进行组合排列，并以学生不同的需要为根据，组成处方来进行体育锻炼和教学。这是一种不可或缺的教材化方法，因为它对教会学生运用运动处方锻炼身体非常有利。

（三）体育教学内容编排的注意事项

1. 注意学生基础和教学实际

体育教学内容的编排应符合学生的实际需求，促进体育教学质量的不断提高，应使得体育教学的内容与学生的实际情况和实际需求相适应。具体而言，在进行体育教学时，教师应在考虑体育运动和身体练习本身的难易程度的基础上，依据学生的实际需要、学生的体能和运动技能基础以及其发展的阶段特征等方面，合理安排体育课程内容。

2. 突出不同体育运动和身体练习特征

体育教学内容丰富，在对体育教学的内容进行编排时，应注重各种运动技能的学习、改进、巩固、提高和运用。应该认识到，体育教学不仅要使学生了解相应体育知识和技能，还应该使学生能在日常体育锻炼中灵活运用这些知识和技能。这就要求教师在对不同体育教学内容进行编排时，突出不同运动项目的特色和技法特点。

二、体育教学内容的选择

体育教学内容这一因素在体育教学中非常重要，体育教学内容对整个体育教学活动的过程产生着非常大的影响。体育教学内容同时还将教师与学生连接在一起，促进学生和教师之间的信息交流。体育教学对于体育教学方法和教学手段通常起着制约作用，这有助于体育教学目标与课程目标的实现。为了适应现代社会发展的需求，体育教学内容的选择必须要有一定的依据，遵循一定的原则。

（一）体育教学内容选择的依据

1. 体育课程目标

体育课程内容在实现体育课程目标的过程中，是作为手段而不是目的而存在的。体育课程目标存在多元性的特征，体育运动项目和身体练习也具备可替代性的特征，这都使体育教学内容的选择变得更加多样性。所以选择体育教学内容时必须有标准可以依据。

体育课程的目标是对教学内容进行选择的重要依据，这是由于，体育课程目标在体育课程编制的过程中，在每一个阶段内都作为教学内容的先导和方向，所以它经过了多方专家的合理思考验证，对各个方面的影响都进行了认真合理的验证。因此，在进行体育教学内容时，目标是必须遵循的，相应的体育课程目标对应着相应的体育课程内容。

2. 学生的需要及身心发展规律

选择体育教学内容时，学生的需要是必须要考虑的。体育教学以促进学生身心发展为目的，所以对体育教学内容进行选择的一个必要的因素就是学生对于体育的需要和兴趣，这对于有效的学习是非常重要的。学习需要学生的主动参与，就是说，学生自身积极和努力是必不可少的。通常学生面对感兴趣的事情，参与的动力就会大大增加，学习的效率也将倍增。这非常符合一些学者所提出的观点：如果学习是被迫的而不是学生出于兴趣进行的，那么学习在某种意义上来讲是无效的。调查结果也非常符合这一说法，那就是如今学生虽然非常喜欢参与课外体育课程，但对于体育课却是兴味索然，最重要的因素就是教学内容缺乏趣味性。

学生对教学内容的接受程度取决于其身心发展规律以及特点，因此体育教育的内容必须以学生为主体，考虑学生的接受程度，内容进一步激发学生的兴趣。在选择体育教学内容时，不能忽略学生的实际情况，需要结合学生的特点来决定教学内容的各项要素。

3. 社会发展的需要

学生的个体发展无法脱离社会的发展。因此，体育教学能够在健康方面为学生打下良好的基础，所以在进行体育教学的内容选择时，除了考虑学生本身的需求，社会现实发展的需求也必须被考虑进去。体育内容在选择方面不能够忽视学生走入社会后发展所必需的体育素质，所以体育教学内容必须能够满足学生走入社会后各方面的需要。除此之外，体育教学内容必须做到与社会生活和学生生活联系在一起，这样才能让学生体会到它的作用，其功能才能得以实现，因此体育教学内容的选择与社会实际相符是非常重要的。

4. 体育教学素材的特性

在体育教学内容的选择上，最重要的要素就是体育教学素材，而它最大的特性就是并没有非常强的内在逻辑关系性，这种特性使得体育教学内容的选择无法完全按照难易程度和学生素质来进行。因此体育教学内容往往只是以运动项目来进行划分，但各个教材内容之间的关系是平行和并列的，如篮球和足球、体操和武术。表面上看似有联系，但这种联系并非非常清晰，而且并没有先后顺序，无法判断谁是谁的基础。所以在这里是无法确定教学内容内部的规定性和顺序性的。

体育教学素材的另一个特性是具有一项多能和多项一能的特点。所谓的一项多能就是指通过一个运动项目，能够实现非常多的体育目的，这就是说在这个项目中有着目标多指向性的特点，以健美操为例，有人利用这个项目来锻炼身体，有人用这个项目进行娱乐，同时这个项目还有表演的作用。在很多情况下，进行健美操运动往往能实现多个功能，这就是说，学生掌握了一项运动之后，就能够实现多种目的。多项一能则突出了体育教学内容之间具备相互的可替代性。比如，像从事投掷练习，可以扔沙袋、投小垒球，也可以推实心球，还可以推铅球。想通过体育运动得到娱乐放松，可以踢足球，可以打排球，还可以打篮球、打网球。这就是说想达到目的并非只能通过一个项目来实现，不同的项目也同样能够做到。正是由于这个特性的存在，使得在体育教学内容中没有无可或缺的项目，所以体育教学内容并不具备强烈的规定性。

体育教学素材还有第三个特性，那就是它拥有庞大的数量。庞大的数量使得其内容相当庞杂，并且在归类上存在一定的难度。自人类文明诞生以来，创造出的体育运动项目数不胜数，并且每一个运动的技能对于练习者的身体素质也有着各种各样的要求。鉴于这个原因，没有哪个体育教师能够精通全部的体育项目，所以体育教师的培养才要求一专多能，体育课程的设计者也很难将最合理的运动组合运用到体育教学内容当中，同时也几乎不可能编写出适合所有地区和教学条件的教材。

体育教学素材的第四个特性就是在每个运动项目中，其乐趣的关注点都是各不相同的。以篮球和足球为例，其乐趣就是在激烈的直接对抗中，通过娴熟的技术和精妙的战术配合而得分。再如，在隔网类运动中，其乐趣则是双方队员在各自的场地中通过巧妙的配合，将球击到对方场地而得分。因此，体育运动都有各自乐趣的特性使得它在体育教学内容的选择上是无法忽略的，这同时是快乐体育理论存在的事实依据，并且是这一理论在体育改革进程中发挥着关键影响的原因。

（二）体育教学内容选择的原则

1. 教育性原则

在选择体育教学内容时，首先应从教育的基本观点出发对体育教学素材进行选择，分析其是否与教育的原则相符，是否与社会的固有价值观同步。要明确分析它是否有利于学生的身心发展和身体锻炼。

选择的体育教学内容必须与体育课程的主要目标相匹配，确立"健康第一"的指导思想，并以此作为体育教学内容中最基本的出发点，同时看重其中的文化内涵，在学生学习体育技能的同时更能深刻体会到体育文化修养带来的益处。学校体育在培养学生适应时首先考虑对学生的品德、智力、体质等方面的全面发展是否有利，将理论与实际结合起来，在使学生了解人体科学知识的同时真正锻炼身体，还要从思想文化等方面下功夫，使其在多方面同时发展。体育教学内容的选择对于不同学段学生的发展特点和规律都要充分考虑到，其个体差异与不同需求将会在其中起到很大的作用，所以充分考虑能够确保每一位学生受益。在进行体育教学内容的选择时，还要符合各个方面的实际来确保选择时有足够的空间和灵活性。

2. 科学性原则

选择体育教学内容要遵循科学性原则，其中的科学性主要有以下三层含义。

（1）教学内容的选择必须有利于学生身心的协调共同发展。要注意，一些内容虽然有利于学生身体健康，但对于学生的心理健康并不合适，反之同样可能出现这种状况。因此，教学内容的选择必须做到使学生在开心的体育活动中同时积极促进身体的发展。

（2）教学内容同时也要使得学生能够从根本上对科学锻炼的原理和方法有一个深入的了解，这种了解可以增加学生从事体育锻炼时的自觉性和积极性。

（3）教学内容本身具有科学性，因此必须注意防止一些科学性不够强的体育项目作为教学内容进入课堂。

3. 趣味性原则

俗话说，兴趣是最好的教师，学生感兴趣，他们就会积极地参与其中，所以，教学内容要注重学习的兴趣点，选择他们喜欢的有兴致的，并且当前比较流行、受欢迎度比较高的内容。在日常教学工作中，若教师把更多的关注点放到教学体系的完整性方面，对日常教学采用培养专业运动员的方法，最终会导致学生产生抵触情绪，出现适得其反的效果。

4. 实效性原则

实效性，顾名思义，就是考虑教材的实用性程度，是否有利于学生的健康发展，使用起来是否简便。我们国家针对教材改革也出台了相应的文件，文件中也不断地强调，教材内容要与社会进步相融合，添加新鲜的东西，吸引学生的兴致，教材讲授的知识一定要有助于学生终身学习。因此，教材选择方面一定要尽量添加一些学生们感兴趣的、欢迎程度比较高、符合时代发展的内容，与此同时，还要特别注重乐趣，为健康体育、快乐体育、终身体育做好铺垫工作。

第四节 体育教材化与高校体育教学内容的变革

一、体育教材化

任何一个学科都有其教材化的划分，这是学校学科教学的根本特点之一，为了保证体育教学的正常开展，体育教学工作者应该重视对体育教材化的研究，为体育教学过程提供良好的教学素材，保证教学工作的正常进行。

（一）体育教材化的概念

体育教材化的概念包括以下几层含义：

（1）体育教材化实际上就是将体育教学过程中的素材进行筛选、加工、编排，最终使其成为教学内容的过程，这是体育教材化最本质、最基础的含义。

（2）体育教材化侧重于对体育教学内容的加工和整理，体育教材也是加工的成果。

（3）体育教材化是依据学生的学习目标，结合学生的身体发育特点和认知规律，以为学生创造有利的教学条件作为前提而加工完成的。

（二）体育教材化的意义

纵观我国体育教学的现状以及特点，其涉及的内容非常广泛，它们有的来自人们的日常生活，有的来自传统的习俗，有的来自军队……都是体育教学内容的良好素材。但是这种素材绝不能被简单地认为是体育教学内容。如果我们将体育教材等同于体育教学内容，那么就无法保证教学过程的目标一致性，因为体育教材只是体育教学内容的参考，在教学的过程中，教师还应该根据体育教学的目标以及教学环境进行教学内容的筛选。体育教材化的意义可概括为以下几点。

第一，体育教材化是选择体育教学内容的依据和前提条件。在教学内容的选择过程中，可以选择一些与教学目标和学生的发展需要联系较为密切的知识作为教学内容，这样就可以避免教学内容的繁杂，避免教学内容选择过程中目的性不强等问题。

第二，体育教材化是对较为宽泛的体育教学内容的加工，这样可以使体育教学内容的选择素材更趋近于教学目标和教学实际，消除体育教学素材与体育教学内容之间的差异，使体育教学内容的选择更具有目标针对性。

第三，体育教材化是对体育教学内容进行不断编排、整理、选择的过程，因此通过体育教材化对教学内容的加工，可以使得所选择的体育教学内容具有整体性和系统性，体育教学工作者在教学过程中也能更好地发挥教学内容的教育作用。

第四，体育教材化能够通过将体育教学内容进行加工和整理，使得原本抽象的教学内容具体化，更容易融入教学活动中，更容易被学生接受，从而使得体育教学内容成为教学活动的依据，保证教学能够有条不紊地进行。

（三）体育教材化的基本层次

通常情况下，可以将体育教材化大致分为两个基本层次，具体如下。

1. 编制体育课程标准和编写教科书

通常情况下，国家和地方教育行政部门组织专家会负责这个层次的工作。具体来说，这个层次的工作主要包括从各种身体活动的练习中筛选出素材，进行教材的分类、加工、排列等。

2. 以课程标准和教科书为依据将教材变成学生的"学习内容"

一般来说，学校的体育教研组或体育教师会对这个层次的工作负责。具体来说，这个层次的工作内容主要包括：以体育课程标准和教科书的要求与规定为主要依据，与所面对的学生的具体情况和教学条件的实际有机结合起来，把面对一般学生情况和一般教学条件的教材变成适合一个班的学生与本校场地设施条件的教材。

（四）体育教材化的内容

体育教材化的工作内容主要有四个方面，即体育教学内容的选择、体育教学内容的编辑、体育教学内容的改造与加工、体育教学内容的媒介化。前两个方面的内容已经在上一节有所阐述，这里主要对后两个方面的工作内容进行分析。

1. 体育教学内容的改造与加工

（1）文化化的教材化方法。这种教材化方法是通过将竞技运动中的文化要素提取出来并加以强化，进而在教学中让学生通过各种文化性的要素来对运动文化的情调和氛围进行充分的体验。一般来说，这种教材化的方法适宜作为技能的辅助教学内容，对于学生体验和理解体育文化性质是较为有利的，这种教材化方法对于高中和大学的学生是较为适用的。

（2）变形化的教材化方法。变形化的教材方法从基本结构方面对原运动进行改造，使其成为一种适应教学需要和符合学生特点的新运动，这也是变形化教材方法的主要目的。当前，"新体育运动项目"就属于此类运动，这种教材化在处理那些高难度的运动项目或受场地器材制约很大的运动时往往能够取得理想的效果。

（3）动作教育的教材化方法。动作教育是一种体育教育思想和体育教材方法论。动作教育的教材化方法有着较为显著的特点，主要表现为将一些竞技体育运动以人体的运动原理为依据，将运动进行归类，并且提出要针对少年的教材设计，其中比较典型的有教育性舞蹈、教育性体操。

2. 体育教学内容媒介化工作

将体育教学内容媒介化是体育教材化的最后一个工作。将选出、编辑、加工和改造后的体育教学内容变成载在某种媒体上的教材形式，就是所谓的体育教学内容的媒介化。

体育教学内容媒介化工作的形式有很多种，其中较为主要的有教科书（包括学生用体育教材和体育教学指导用书）、音像教材、挂图、多媒体课件、黑板板书、学习卡片等。这里重点对多媒体课件和学习卡片进行分析和阐述。

（1）多媒体课件。教师以体育教学的需要为主要依据，用体育教学内容编辑成的计算机演示的系列材料，就是所谓的多媒体课件。当前，多媒体课件是体育教师常用的工具，究其原因，主要是计算机课件依靠计算机来演示动作，在速度调整、观看细节、多次重复演放以及视觉听觉的艺术效果等方面都具有教师的讲解、示范所无法达到的教学效果。

（2）体育学习卡片。体育学习卡片是体育教材的另一种载体形式。学生在体育课中使用的一种辅助性学习材料，就是所谓的体育学习卡片。这种形式比较适合体育教学特点。

二、高校体育教学内容的变革

（一）高校体育教学内容的发展趋势

1. 对终身教育目标的要求进行充分考量

对于高校学生终身体育观念的建立和形成，高校体育在其中起着至关重要的作用。终身体育目标的达成取决于学生参加体育所需的技能、知识和态度。所以，教学内容应当更加注重健身性运动文化的传递性与娱乐性，在健身价值和终身运动性强的运动项目中间做出选择。

2. 更加注重体育运动的规律性

以往在选择体育教学内容时总是根据各个体育项目中的逻辑关系进行选择，但事实是体育教学内容的逻辑性几乎是不存在的，所以这种方法是不科学、不合理的。因此，在未来选择体育教学内容时，要注重寻找体育学科当中内在的一些规律，体育课程中挑选的内容往往都是学生喜欢的，富有时代性的，并且根据年龄和学段的不同，在教学内容上加以区分。

3. 学生价值主体受到的重视程度越来越高

受各方面因素的制约和影响，体育教学内容的选择并不是一蹴而就的，需要综合各个方面的因素进行考虑。在过去的体育教学大纲中，体育教学内容的选择与确定往往更重视教育工作者对于教学内容的价值取向，因此重视的仅仅是教师的教。而随着体育教学改革的进行，越来越多人开始重视学生对体育教学内容的价值取向，所以根据学生的学而进行体育教学内容的选择的方式更加普遍。

4. 更加注重教学主体发展的全面性

在传统体育教学理念和模式下，以往的体育课程大都是以提高学生跑、跳、投等身体素质为目的的一种体能达标课。新的教学改革大纲出台之后，学校教育更加强调素质教育，因此学校对于学生素质的全面发展肩负着无比重大的责任。在选择与确定体育教学内容时，同样要符合素质教育的要求，使学生在身心方面都能获得全面的发展。

5. 不断引进民族特色项目

通常情况下，富有趣味性和新奇性的运动项目总会受到广大学生的青睐，因此在选择与确定体育教学内容时也要注重推陈出新，改革与发展一些新颖的运动项目。除此之外，我国多民族的特性决定了各个民族都有出色的民族特色体育项目，这些民族项目既各具特色又有良好的健身价值，在体育教学内容的选定中应适当根据具体情况加以选用。

（二）高校体育教学内容变革的思路

1. 避免重复，增强体育内容的创新性

改变当前高校体育课程各自为战的局面，学术百花齐放是好事，但是在人才培养的教育质量上还是体现出一定的严肃性和原则性。教育部门要在高校体育内容大纲的编写上统一，避免小学、中学、大学教学内容的重叠，根据学生的身体素质特点，运动项目的技术要求进行科学的衔接。在坚持原则性的情况下，在选择体育教学内容时，应遵循体育学科自身的内在规律，把一些学生喜闻乐见的、健身性、娱乐性、时代性强的体育项目选入体育课程里，并对不同年龄阶段和学段的教学内容和要求有所区别，逐级化分。

2.改变传统观念，创新体育教学内容

传统体育教学内容忽略了高校体育健康教育的培养，强调对体育项目"技术性"动作的学习。新的体育教学内容要树立大体育观，勇于突破传统的体育教学思维，在教学内容上突出对大学生的多元化培养，利用每学期理论学时或者阴雨天气，弥补技术动作学习的盲区，增强对大学生体育健康教育的培养，强化体育健康基础理论的重要性。大学生正处在长身体发育的青春期，对大学生进行心理健康、运动损伤的预防与康复、运动处方等体育基础理论教学补充是十分必要的，能够增强大学生的社会适应能力。

3.创新体育教学内容上课模式，提高学习兴趣

传统体育教学模式就是三部曲：课前准备（跑步活动）、课中练习（技术动作学习）、课后总结（课堂回顾），动作学习就是老师讲解、示范，然后学生练习活动。这样的上课形式体育老师在备课、上课时省去了不少事，但对于学生来说就显得枯燥无味。体育教师要根据每节课教学内容的不同，创新教学教法提高教学内容的吸引力。同样是50米跑步枯燥无味的身体练习，让学生重复练习50米肯定是不行的，可以把50米跑融入体育游戏活动中，比如，短距离的直线分组对抗练习，增强练习活动的趣味性，这样同学们的练习热情就激发出来了。

4.合理的师资结构，满足教学场地器材

合理的师资结构有利于满足学生多样化的学习要求，能够开设更多的体育项目供学生选择，在体育教师人数不变的情况下，加大对现有教师的培训工作，特别是青年教师对新型时尚体育项目的培训，要求每位体育教师至少能够胜任两门不同体育项目内容的教学，挖掘现有的体育师资资源，满足不同教学内容要求。另外，增加体育活动场地建设，购置更多的满足教学需求的体育器材，这些都是提高体育教学内容质量的保障。

第三章　高校体育教学方法的
　　　　变革与发展

第一节　多媒体技术在高校体育教学中的应用

一、多媒体教学技术概述

（一）多媒体的定义

多媒体是当今信息技术领域发展最快、最活跃的技术。关于媒体这一词条含义，一方面包含如半导体储存器、光盘、磁带与磁盘等储存信息的实体存在，另一方面也包含如文字、声音、图形与数字等能够传递信息的虚拟载体，所以多媒体，一般可理解为多种单媒体的综合。

在高速发展的信息时代，新型的多媒体技术已经通过互联网平台传播数字数据的综合信息发布平台进行信息传播。它最大的特征为可以将经过专业编辑与制作系统加工的多媒体信息页面传播给每一台多媒体电子终端。多媒体技术自此可以开始告别单方面的、传授式特征，转变为可以就多媒体设备进行互动的技术模式，这种新型技术将信息化的传播变得更为便捷与迅速，将信息的转换互动变为瞬间完成的模式。

所以，多媒体技术将计算机与视频技术结合，通俗意义上是指将声音与图像的两个或更多媒体集合并连接起来，成为一个能够传递信息，具有交互性的综合系统。这项技术不同于以往单向传播信息的方式，能够综合运输、检索、加工、处理、存储、传播和显示不同类型信息，具有感官性、集成性、情境性等特征。在现代社会日益普及高速互联信息网的背景下，它被广泛地应用在教育、图书、咨询与服务、通信、医疗、金融、军事等各行各业，也更进一步促进了我国的科技发展。

（二）高校体育教学引入多媒体技术的必要性

1. 有助于突出教学的重点和难点

在高校体育课程的教学中应用多媒体技术可以进行多角度、全方位的分析，例如，在学习健美操动作时，教师可以添加一定的多媒体技术，如视频、声音等，对某个关键动作进行编辑和回放，从而突出教学重点和难点，帮助学生真正掌握健美操动作要领。

2. 有利于增加信息量

在信息时代，信息更新速度加快，多媒体技术能够充分发挥网络资源优势，教师所提供的教学内容不再局限于课本，适当增加反映新成果、新技术等前沿科学技术的内容，以满足学生的实际需要，还能够引导学生利用网络进行广泛学习，进一步提升学生的自学能力，有效扩展知识面。

3. 可以有效预防安全事故的发生

体育教学实践中存在安全隐患，一系列的不安全因素除了来自运动本身，还包括场地和设备、天气、情绪及外部干扰等，运用科学合理的教学方法，才可以有效避免上述不安全因素所造成的事故。在体育教学实践中，将多媒体技术应用于辅助教学，可帮助大学生了解运动项目特点和规则，从而有效预防和杜绝安全事故的发生。

4. 有助于提高体育教师的综合素养

在现实中，体育教师采用多媒体教学的机会非常有限，目前，传统教学方法仍是主要方式，然而，信息时代要求教师必须转变观念，重视在职学习和培训，了解并掌握现代多媒体技术，并将其积极应用于体育教学。这给体育教师带来更高要求，需要体育教师主动加强综合素质培训，充实自己，完善自己，把握时代脉搏，有信心直面新时代的挑战，满足体育教育在信息时代的需要，构建学习的良性循环，培养自主获取和更新知识的能力。

5. 帮助学生建立正确的动作概念

在体育教学过程中，传统的体育教学模式是通过讲解—演示—模拟训练的过程来实现的，学生通过体育教师的"听""看""体验"和动作示范来感知这些动作的全过程，这种"听""看""体验"的学习过程是被动的、机械化的，因此，在体育学习过程中，学生无法对这些动作的艺术性和规律性有一个良好的体验，严重影响了学生对体育知识的掌握。在多媒体教学中，运用多媒体技术，通过声音、动作、图像的冻结、闪烁、慢播、色彩变化以及教师的讲解，学生可以看到动作的每一个过程和细节，这不仅有助于促进大学生对动作技能的掌握，还可以培养学生的观察分析能力，在增加学生清晰动作形象的基础上，有效地提高了教学的实际效果。

6. 可以有效地激发大学生的体育学习兴趣

兴趣是最好的老师，在许多成功的教学活动中，只要激发大学生的学习兴趣，学生的学习积极性就会在以后的学习过程中得到有效的提高，多媒体课件的特点是生动、活泼、直观、图文结合，通过多媒体技术，不仅为学生创造了情境化、生动化的教学模式，而且为学生创造了多样化、个性化的教学模式，有效地激发了学生对体育学习的兴趣。

二、多媒体技术应用于高校体育教学的优势

多媒体技术将体育课程以文字、图形的形式，集音频、视频、动画于一体，立体地显示了教学内容，且表现形式与表现手段更为丰富和灵活多样，充分体现其独特的优势。

（一）更新了体育教学观念

把多媒体技术应用于体育教学，改变了传统体育教学以"教"为中心的教学模式，教师运用现代化的多媒体教学手段进行授课，同时借助于人机交互与学生进行相互交流，激发了学生的参与意识，体现了体育多媒体教学是以"学"为中心的教学思想。这对体育教学教法多样性与实践性的变革，以及学生学习体育知识与技能的思路方式的改变都具有极大的促进作用。

（二）提高了教学质量

传统的高校体育教学中，理论课教师以讲授为主，辅之以图片、挂图等展示形式。体育课主要依赖于教师的讲解和示范，由于受主客观条件的限制，许多技术动作示范难以做到完全标准、规范，学生也很难在短时间内形成正确的动作概念，学生的学习状况也只能依靠教师的反馈，这种教学效果是可想而知的。实施多媒体教学大大改变了这种状况，抽象的体育概念借助图文得以形象化，高难度的动作可以进行计算机模拟演示。而对于结构复杂、速度极快的动作的讲解和示范，其效果更为显著。通过多媒体技术就可以利用慢动作让学生清晰感知这一系列动作，形成概念，掌握要领，便于模仿和进一步掌握，大大提高了教学效果和效率。

（三）提高了学生的体育学习效果

多媒体技术能刺激人体视、听等多种感官系统，使大脑不同功能区交替活动，使学习内容形象生动、趣味性强、直观、易于理解。多媒体技术综合运用图表、动画、音乐、闪烁、色彩、字体等表现手段，增强了体育教学内容艺术的表现力和强烈的感染力，活跃了课堂气氛。尤其是多媒体体育教学资料所体现的力量美、技艺美、肢体和谐美，使大学生真正认识到体育的功效和个性的社会价值，激发了大学生的求知欲和他们爱体育、学体育的学习热情，有效地提高了学生的学习兴趣和体育课堂教学质量。

三、多媒体技术对高校体育教学过程的影响

教学过程是由学生的学习过程和教师的教授过程组成的统一体。体育教学过程和学生掌握知识的过程一样，存在着教师、学生、教学内容这些基本因素。体育教学活动是一项实践性很强的教与学的双边活动，教与学双方是相互依存、不可分割的。传统教学过程中，教师通过动态化的讲解与示范，向学生传授知识与技术；学生在积极的身体练习中伴之以积极的思维活动，从而达到掌握体育基础知识与技能、发展素质的目的。这种注入式教学模式不利于调动学生学习的主动性和学生学习潜能的发挥；教师也往往感到自己的示范力不从心，讲解不能被学生形象化地理解，达不到应有的效果。而运用多媒体技术则可大大地弥补教师在教学过程中的不足，有效地提高学生的学习积极性，加速知识的更新。本节主要探讨多媒体技术运用于体育教学过程中，对教师、学生及教学内容所产生的影响，对于突破传统的教育观念、提高教学效率有着十分重要的现实意义。

（一）多媒体技术的运用对教师的影响

利用计算机多媒体技术辅助教学，可将教师讲解与示范的内容通过计算机多媒体技术表现出来。配之以生动形象的完整与分解技术的演示，常速、中速、快速动作的切换，图片、动画系统的交替运用等，将教师的教学思想表达出来。对教师在教学准备、组织、实施的过程进行缩减，减少了复杂性，增加了指导的灵活性。教师从繁重的重复性的课堂教学中解放出来，有更多的时间去研究教育、教学中的种种走向问题，探索在新媒体条件下的教育教学规律，设计制作教学软件，以更好地满足不同学习者的要求。通过课件的制作，为教师提供了灵活的教学方式，可更好地发挥教师在教学中的指导作用。

（二）多媒体技术的运用对学生的影响

在传统的体育教学中，学生在教师的组织安排和要求下进行学习。学生只能通过教师的讲解示范获得正确的动作概念，掌握动作技术；通过教师的考核明白自己的进步。教师如何教，学生如何学，体现出被动性。

多媒体技术引入体育教学过程后，降低了学生对教师的依赖。体育知识的学习不再是被动接受，而是一个积极探索的过程。学生可根据自身情况有选择性地学习，选择不同的内容、不同的进度，从而获得学习的自由，从一个被动的学习者转变为一个自主的学习者。学生在教学过程中的主体地位得到了充分的体现。但是，这并不意味着学生学习可以完全离开学校和教师。多媒体课件是由教师设计制作的。它包含了教师的教学思想，集中了众多优秀教师的智慧与经验。

（三）多媒体技术的运用对教学内容的影响

教材体系直接反映教育目的和培养目标。教材体系的内容应具备科学性和实用性，要使学生掌握现代社会最需要的健身知识和技能，为增强学生体质和终身从事身体锻炼打好全面的基础。多媒体技术的运用，使体育教学内容的外在形式及内在结构发生了变化。

1. 教学内容外在形式的变化

体育教学内容丰富，随着电化教学的开展，录音、录像已广泛运用于教学中。多媒体技术允许信息以文字、图像、声音和动画等多种形式表现，并能将这些多媒体信息保存、管理、加工和传输。这样，教学内容可以用最有效的方式来表现，甚至同一内容用多种信息来表现，克服了其他媒体表现单一及难以协同表现的弊端，因而可读性强。多媒体技术的运用可以制造出一种现场教学情景和气氛，使学生有身临其境的感觉，从而提高了学习的积极性，有助于发展学生的综合素质。

2. 教学内容内在结构的变化

传统的教材是以线性结构来组织学科知识的。知识内容的结构及其顺序都是以教为主。学生只能在教师的教授下获得正确的动作概念、原理等。学生对教师的依赖性很强。多媒体是一种以接近人类认知特点的方式来组织、展示教学内容及构建知识结构的。用这种多媒体的非线性网络结构来组织教学内容，对学生获得正确的事实概念及其结构关系具有潜在的促进作用，并有助于已有知识向新知识学习的迁移。它既注重知识的形成过程，又注重知识结构，使教学内容的统一性与灵活性得到了完美的结合，较为充分地体现了因材施教的个性化教学理念。

四、多媒体技术在高校体育教学中的优化应用

（一）提升重视程度，加大资源投入

加强对大学生的身体素质教育，是关系到国家未来发展的大事。高校体育课程在引导学生建立良好的身体体能素质的同时，还承担了培养学生树立良好的人生观、世界观与体育观的责任。所以，持续巩固高校体育课程的稳固地位是坚决落实现代教学课改精神的政策砝码，学校应领会现代教育改革高校的未来走向，转变师生的教学观念，在推进多媒体教学发展的过程中用现代化教学模式引导师生互动。

对此，学校相关领导应重视培养学生自学能力与身体素质的重要任务，与相关部门商讨并督促进程，加大引进多元化的教学资源力度，加快硬件设施配备与软件技术水平提升。作为学校的领导，对学校各项规章制度有着决策权，学校教学制度、教学目标、教学任务、教学进度都受学校领导的审批。学校领导对多媒体辅助体育教学的重视程度决定了其在学校开展的效果。只有引起高度的重视，才能发展得长远。

实行教育改革首先考虑的就是资金投入问题。经费对于改革的实施起着保障的关键作用，资金投入的欠缺将直接影响多媒体教学的充分发挥，教学设备也难以得到配备保障。高校体育教学若与多媒体技术结合，硬件设备的不足会使教学工作无法展开。因此高校管理部门需在硬件设施与配套方面偏重，加大体育专项投资力度，拓宽投资渠道，通过申请拨款、企业赞助或社会捐赠的专项资金进行专款专用，根据教学需求与资金来源渠道推进多媒体教学设施的配备，做到多媒体教学设备齐全。经研究调查，高校的建设面积普遍较大，校方可建设与高校体育教学相关的小型操场和室内多媒体训练场地，专业化的多媒体教学教室能够保障多媒体教学方式与训练内容同步进行，给师生营造良好的现代化多媒体教学环境；同时，教育部门在培训力度与政策上提供经费的实际保障，提升高校体育教师的整体素质与多媒体业务水平，保证教学质量。同时，在高校完善多媒体设备的同时，校方还需加强多媒体设备与资源的管理工作，应切实考虑各个方面，由专人负责做到定期检查与设备保养，发现故障及

时维修，准确记录设备配备与更换情况，完善教学设备使用管理条例、精简教师使用设备手续与流程，在硬件设备配备齐全后做好一系列防护和解决保护措施，保障多媒体教学资源在高校体育教学中的有效利用。

（二）重视培训规划，媒介素养先行

高校体育教学中运用多媒体技术的最重要原因就是高校体育教师可以通过多媒体技术的使用，将网络上或其他与高校体育教学相关的多样化教学资源与高校体育教师的教学相结合，以丰富高校体育教师的教学过程，提高高校学生学习体育课程的积极性。在新时代背景下，教师作为教育信息化持续发展的重要保证，作为推进多媒体技术运用与教学工作相结合的主要力量，自身迫切需要具有较强的应用能力，充分利用网络教学资源、全面提高教学质量等方面都离不开教师与时俱进地掌握先进信息技术，同时也为高校体育课教学内容的更新提供条件，为高校体育课教学的新形态确立保障。所以提升教师的媒介素养是迫在眉睫的事情。

体育教师教学知识水平的高低影响教学效果的优劣。同样，多媒体辅助体育教学效果的优劣也直接受教师运用多媒体技术操作水平的影响。教师操作多媒体设备的技能高低，一方面由自身潜力决定，另一方面受学校的多媒体技术培训的效果影响。目前笔者所做的调查结果显示，大多数调查显示高校在教师多媒体技术方面的相关培训欠缺，体育教师普遍存在多媒体操作技术薄弱的现象。所以只有先做好基础的技能培训，才能在此基础上有所提高。教师通过自学方式来提高自身多媒体技能的效果是不够理想的。作为教师的载体，学校应该多在校内外为体育教师组织相关培训，建立多层次的培训手段，在师资、经费等方面提供充足的保障，要发挥本校培训机制，在校内由计算机教师负责定期培训体育教师。另外，学校还可以组建专项多媒体技术教学课题组，对不同需求的体育教师进行更具针对性的分层分批的培训，针对不同专业与不同需求的教师组群，拿出更适宜的培训方案，还可以尝试各高校之间的培训合作与交流，参考本校实践教学情况进行特色教学培训。除此之外，定期在校内举办体育教师多媒体教学大赛，刺激体育教师通过各种途径提高自己的多媒体教学水平。综上所述，通过培训并结合自学的方式来提高高校体育教师的多媒体设备、软件操作能力，使得体育教师相关技能的操作得心应手，从而开发具有特色、特点的多媒体教学。

具体可以从以下几个方面进行培训：多媒体辅助高校体育教学的理论知识；多媒体课堂操作技能，如图片编辑、音频剪辑等技术；多媒体教学软件的引进与应用；多媒体辅助体育教学的教学技巧等。在进行多媒体技术培训的基础上不断提升自身的教学计划与教案设计能力，根据教学任务与现代教学的要求不断学习。只有体育教师具备优秀素养的品质，多媒体教学才有丰富的内容依托和充实的知识内涵，多媒体体育教学的真正价值才能充分得以实现。

（三）培养现代教育理念，自觉创新教学方式

教育理念的保守原因在于未完全了解开放式现代教学的实际优势与使用的可能性。多媒体应用于高校体育教学的积极意义是显著的。首先，多媒体教学将体育教学中文字或语言描述不够详尽的动作能够直观化地、动态地呈现在学生面前，教学任务中的连贯动作将被更加清晰牢固地记忆，还可以激发学生对于现代化体育教学的学习兴趣，加强学生自主学习体育动作的能力。此外，传统体育授课中教师的演练授课是具有很大局限性的，天气、环境、动作难易程度、教师身体素质都会影响动作要领的正确展示，加上教师动作演练次数的有限，都会影响课堂教学效果。而多媒体教学能抛弃客观限制，将动作要领向学生重复多次，让学生高效掌握要点，课下还能继续参照资源巩固练习，加深印象并改善教学效果。

《高校体育》教学大纲中提到：将体育课程作为大学生身体练习的主要手段，科学地通过合理的体育教育与体育锻炼过程，达到增强体质、提高体育素养的主要目标。在此期间促进身心发展，将思想品德、文化科学和生活与体育技能教育有机结合，体育教学是培养全面化人才与素质教育的重要课程。

多媒体教学方式和传统教学方式具有各自无法取代的优点，应科学统一并结合起来，实现现代技术教学理念。作为高校体育教师，在体育教学中要正确认识多媒体教学的地位和作用，摆正位置与形式，积极参与现代化教学改革，提高多媒体体育教学的有效度，消除学校、其他教师和学生心目中体育课是"简单教学"的错误观念。同时教师应该更加积极参加多媒体教学各级各类培训，参加学校的课题研究，提高自身的能力素质与教学理念。

此外，课程资源与教学方式的发掘是多媒体教学前期准备环节中的重要组成部分。教师应在创新现代技术教育理念的基础上，自觉创新教学方式，不只仰赖于互联网共享与照搬照抄，在课件制作上通过培训与教师组讨论，进行原创，以适宜当下教学条件的教学方式进行教学。

（四）优化课件质量水平，媒体体育有机融合

从教师多媒体教学课件来源、教师设计多媒体教学课件的原则，以及学生

对多媒体教学课件的喜欢程度分析：体育教师在体育教学时使用精心准备的、优质的教学课件或网络资源，是提升教学效果与学生喜欢程度的重要因素。因此，在对多媒体教学的前期准备中，推荐课件与资源通过自己制作或自行搜集符合教学内容的引进，根据自身的教学风格与本学期教学内容重点，对引用的课件资源进行合理配置与修改，更加匹配当期教学任务。此外，课件的设计应该满足以下要求：内容题材要合理；引用、制作、修改相结合；界面设计要合理；课件内容要适量；多种工具共同协作。

针对教师阐述的在优化课件质量中时间和精力不够的问题，可考虑教师建立分组合作的方式完成，组内教研成员可以根据教学内容或章节进行分配制作，制作与优化时考虑本校情况与学生认知水平，制作出来的课件针对本校体育教学情况，且各章节课件在组内轮流使用，此方法便捷高效，可以较为有效地解决问题。

制作出良好的多媒体课件是教师运用多媒体教学的基本条件，不仅需要教师制作出一个实用而精致的多媒体课件，而且要完成与之配套的教案课件。教师需要持续提高体育学科知识与教学能力，同时也要丰富自身现代化教学手段，同步提升多媒体技术的应用能力。与此同时，还可以发挥教师的优良传统，经常与同事进行教法、技术上的探讨，请教不同学科的有经验的教师，不断完善课件制作技能，必须杜绝出现质量低劣、单调的和不符合时代要求的课件，从形式到内容上，全面提高多媒体课件的质量，同时尽可能提高课件制作的效率。在多媒体教学课件制作时应注意以下方面：课件内容需合理化，要利用多媒体技术的优势，少用大量文字进行描述，将体育教学动作的要领通过静态图片或动态视频演示出来；课件内容要依据体育动作的重要性进行合理分配与取舍；课件搭配应以教学内容与重点为展示主体，不能一味追求课件丰富化；课件容量应与实际教学任务分配进度搭配，避免出现容量过大的情况；资料的选取可参考学生的兴趣进行选取。

（五）合理使用多媒体技术，执意追求最优化效果

多媒体教学作为体育教学的辅助手段，可以成为教学内容的一种呈现形式，而当内容呈现出来以后，需要教师的讲授、解释，需要师生交流、学生探讨，这才是课堂的内容和核心。教师是教学活动的主导，学生在教学活动中承担着主体角色，多媒体技术则承担着辅助体育教学的角色。对多媒体的过分依赖会导致师生在教学过程中的互动变少，这个现象的产生很大原因是没有分清多媒体教学的地位。只有坚持形式永远该为教学内容服务的原则，才能将多媒

体教学应用于体育教学的效果呈现最优化。

因此，正确的多媒体技术教学在制作多媒体课件的过程中，有所权衡取舍、增加删减，才能促进教学任务的开展，如在篮球课上，单纯地看 NBA 视频或是通过 PPT 讲篮球的规则，这些方法可能无法让学生真正学习到篮球的技巧，这个时候就需要改变教学模式，运用音视频手段的同时，带大家走出课堂。

此外，教师在应用多媒体技术进行体育教学时应注意留有自由发挥的空间，调动学生的主动性、积极性，树立互动教学理念，教师首先要理解"以学生为中心，以教师为主导"的现代互动教学理念的重要性。具体来说，教师在多媒体教学中应该充分认识到要将学生作为课堂教学的主体，充分关注学生的体验和需要，根据讲授课程特点和不同学生的接受能力进行教学设计，确定教学重点和难点，并在此基础上制作课件，通过学生的反馈不断改进多媒体课件及教学过程。力图让多媒体成为学生和师生之间有效交流的途径，鼓励学生主动思考问题，探索问题，使多媒体课堂教学中的教师、多媒体、学生三者之间形成有效互动关系。

第二节　微课在高校体育教学中的应用

一、微课概述

（一）微课教学的主要特点

1. 主题明确

微课主题突出是因为它是为了解决某一知识点中的重难点或疑点内容，而且目标单一，所涉及的点小，但另一方面它又是内容完整的。所以微课的主题要更加明确，才能更准确地表达所要学习的内容，才能利于学习者把握主题，系统地学习知识，才不会使学到的知识分散零乱。

2. 短小精悍

微课以微著称，短小精悍这一特点最能体现微课的"微"。首先，短是指微课的时间较短，时间最好控制在十分钟内。这是因为有研究指出学生的视觉驻留时间一般在五至八分钟之内，也就是说学生不能长时间集中在某一事物上，如果要一直保持注意力集中，就会产生疲劳感，那样就达不到预期的教学效果。其次，"精"指的是内容精简，微课限制时间的长度同时也局限了课程的内容。我们以往接触到的网络课程或精品课程都是录制了整个教学过程，时间较长，内容较多，针对性不强，因此在实际应用中并没有广泛传播开来。但一节课的精华一般是围绕某个知识点或教学重难点展开的，有时候并不一定要观看教学的全过程。微课就是充分利用了这一特点，通过选择教师授课中最重要的片段来进行设计和录制，然后再发布到网上供学习者免费学习。这种学习内容较少、时间适宜、重点突出的微课很适合学习者进行碎片化的知识学习。

3. 资源类型多样且以视频为主

由于制作方法的不同，微课资源类型也多种多样，有用录屏软件录制下来的视频或音频，也有利用课件的录屏功能直接转化而成的视频等，这些视频文件也可以与音乐、图片、文字等资源形式进行整合，这样就更加能吸引学习者的兴趣。另外，微课的教学内容有时候是某个知识点或小故事，也可能是某个练习题等，这样就使微课的资源类型呈现不同的形式。

4. 资源存储量小

微课的资源存储量小，因为它的时间短，而且内容精简。它的视频格式一般是流媒体格式（如MP4、RM、FLV、AVI等），它们都可以支持网上在线播放，在移动设备上也能直接在线观看或下载。另外，信息技术的发展和无线网络的普及，也使我们可以方便地使用智能手机、iPad等移动设备进行在线学习或移动学习。我们既可以直接在线播放这些学习资源，也可以把它们下载下来保存到电脑或移动设备中随时随地进行学习。

5. 微课内容选择灵活

微课的灵活性主要是指课程内容的选择灵活，由于微课的主题单一，时间较短，所以课程内容只是围绕某一个知识点去进行。另外，学生对微课内容的选择也具有灵活性，学生可以根据自己的学习需求和学习进度来自主选择微课学习内容，对于其中的重难点内容也可以自由选择来反复学习。

微课的特点还在于可以反复学习难懂、一时不能理解的知识点或概念，这样不仅减轻了教师的负担，也使学生的学习更高效和快捷。如果学生在课堂上没有听懂，学生在课后可以自己反复学习直至弄清概念为止，学生也可以自己选择需要反复学习的内容，自己确定学习内容和学习时间，从而最大限度地实现学生的个性化学习，也便于教师的因材施教。

另外，微课虽然只是某一知识点或重难点内容的呈现，但它也是互相独立的教学内容。每一个微课的内容之间都是相互独立的。微课之间的相对独立性可以让学习者节约时间，当在学习中遇到某个概念不理解的时候，学习者可以直接观看某一个内容，而不需要把全部教学内容观看一遍，这样既节省时间，也提高了学习效率。学生还可以根据自己的学习需要和进度来进行有针对性的学习。

（二）微课的应用原则

1. "以微为首"原则

"微"是微课的最突出的特征，所以在设计微课的过程中，要首先考虑"以微为首"原则。"以微为首"原则主要表现在以下三个方面，首先是选题范围要小，也就是说选择的微课内容要精简，范围要小但必须能够完整地表达某一个学习内容，这就要求我们对知识点进行细化，将内容模块进行分割，在细化知识的同时还要保证内容的完整性。其次是微课时间要短，能够符合人类视觉暂留时间较短的特性，能使学习者在注意力集中的时间内完成学习。最后是资源存储量要小，这样才能够满足移动设备上在线播放的要求，并且可以方便下载和存储。

2. 以"学生为主"原则

微课最终是为广大的学生服务的，微课效果的最终评价指标就是学生的学习效果。因此在微课设计的每一个环节中都要坚持以学生为主体的原则。在微课设计前期要进行学习者特征分析，充分了解学生的需求。这样才能够极大地激发学生的学习兴趣，保持学生的学习动机。在设计过程中要始终考虑学习的对象是学生，从学生的角度来设计教学。在微课设计实施后要以学生的学习效果来评价微课的应用效果。由此可以看出，以"学生为主体"原则贯穿于微课整个设计与应用过程中。所以，大学微课就是要能调动学生主动学习的积极性，以期取得良好的学习效果，微课设计中也必须要考虑以学生为主体的原则。

3. "以交互为重"原则

在学习过程中，不仅有教师与学生的交互，还有学生与学习资源的交互。在微课设计中，强调学生的自主学习要求，学生与学习资源的交互就显得尤为重要。因此在微课设计时要注重学生与学习环境的互相促进，学生与学习资源的互动。建构主义理论中强调"情境""协作""会话"的构建，是因为"情境"可以促使学生产生有意义的学习，让学习者从知识的被动接受者转变成获取知识的主动者。"协作"和"会话"可以促进学习者的互动，通过与学习者的互动，学习者的学习方式就转向了探究式学习和启发式学习，从而极大地激发了学习者的学习兴趣。❶在大学微课的设计中，学习对象是大学生，他们的思想较为成熟，学习方式也渐渐转变成了探究式、讨论式、启发式的学习，因此他们能与学习资源进行较好的交互，并能自主地进行意义建构。

因此，在进行微课设计时，需要遵循"以交互为重"原则，注重交互性的设计。

4. 以"创新为核心"原则

21世纪所倡导的教育理念强调教育教学必须以培养学生的可持续学习发展能力为核心，为终身学习提供重要的基础。同样微课的设计也必须遵循终身学习能力培养的原则，注重提高学生发现问题、提出问题、分析问题和解决问题的能力，并开发具有创新性的学习资源。❷

随着信息技术的迅速发展，技术革新越来越需要创新思维。微课是利用信息技术来进行的教学活动，如何恰当和充分使用信息技术手段对微课的应用显得十分重要，因此技术创新的应用对于微课来说是核心教学目的实现必不可少的途径。在进行微课设计时，我们必须充分利用新兴的信息技术，并根据已有的教学资源和教学内容来创造出合适的新的教学资源。当代大学生是信息时代新技术和新媒体的重要传播者，他们擅于掌握最新的信息技术，也具有一定的信息技术应用能力。所以，大学微课设计要以创新为核心。

二、微课在高校体育教学中的实践应用

（一）微课应用于学生体育需求调研中

鉴于高校体育教学传统模式与高校体育教学内容间存在的关联，在高校体育教学实践活动正式开始前，体育教师应该按照课程逻辑将高校体育教学内容中的难点与重点提取出来，同时，还应该同现阶段体育栏目与体育热点新闻相

❶ 黄瑶.微课设计与制作的理论与实践 [J].科教导刊 - 电子版 (上旬),2016(28):53.

❷ 陈先荣.创新型人才培养必须从基础教育抓起：对课程目标新增"发现和提出问题的能力"的认识 [J].中小学教师培训 ,2012,(8):39-41.

结合，对体育微课进行制作，之后再将已经制作完成的体育微课利用移动互联网的各种渠道实施学校范围内的广泛传播，通过对微课中学生的点击率与同帖评论内容的考察，体育教师能够有效地评定体育课程内容的合理性，保证体育教师更加深入地了解学生的兴趣与期待，此外，在前期对体育微课进行传播，能够有效地使学生体育学习的积极性得到调动，使学生更加期待即将要学习的新内容，使学生从被动学习转变为主动学习，进而提升学生的体育参与度。

（二）微课应用在体育课程设计中

对于体育微课来说，它不仅是对传统高校体育教学模式的补充，而且是多媒体时代下高校体育教学发展的必然结果。微课的出现使得原本的体育课程设计得到了重新定义。在高校体育教学开展的后期阶段，将以往室内体育理论课与室外实践课分开开展的体育课程设计进行改变，将两者进行融合，同时，对多媒体时代，大数据的时代特征进行考虑，在设计室内理论课的时候，可以以教师和学生的信息数据交流为主，使他们的头脑风暴在体育课程中得到掀起，呈现出更加公平、更加自由的体育课程。此外，在这样的形式下，体育教师的教学思维能够得到更进一步的更新，使学生体育学习的热情得到提升。

（三）微课应用在体育课程教学中

一方面，体育教师可以根据新课内容将时事体育热点等方面设计新颖的新课导入微课，在课上给学生观看，目的是使学生的注意力得到吸引，使学生的学习兴趣得到激发；另一方面，在高校体育教学实践活动开展的过程中，体育教师可以将复杂动作的教学制作成微课，同时，在体育课堂教学过程中，重复向学生播放，将更加具体、更加直观、更加生动、更加形象的体育教学过程呈现出来。

（四）微课应用在体育课后辅导中

对于高校体育教学而言，每一节体育课堂教学的时间是有限的，教师针对某个学生面面俱到地讲授内容，想要实现精细化教学几乎是不可能的，所以，一部分学生不能与教学节奏同步或者是学生不能对其所学运动技能充分掌握的情况必定会出现，当体育课堂教学结束以后，教师可以将包含有体育教学重点的微课视频向学生发送，以便于学生能够在课堂结束以后，对于已经学习的技术动作进行练习，对课堂上所学内容进行复习，切实保证温故知新，提升学生的学习效果。

（五）微课应用在体育课程分享中

从本质上来讲，分享就是学习，学生喜欢在朋友圈中分享一些好的视频课程，对身边的朋友、学生进行感染，使学生的学习圈子得到扩大。因此，我们应该倡导建构分享精神的学习共同体，这样能够保证学习共同体成员间互相督促，对有用的体育学习信息进行分享。例如，将微课应用在体育舞蹈教学过程中，在校园内的学生可以对已经学习到的且比较感兴趣的体育舞蹈课进行分享，使越来越多热爱体育舞蹈的学生能够及时地获取、分享学习资源，同时，学生还可以对校园内其他兴趣一致的学生进行自发组织，安排大家一起对体育舞蹈微课进行学习，保证体育舞蹈社团的更进一步发展，通过对社团活动的有效组织，例如"快闪"等，使学生的课堂学习以外的生活得到丰富。

第三节　慕课在高校体育教学中的应用

慕课是一种针对学习者人群的网络在线教育，人们可以通过慕课平台进行学习，是远程教育在新世纪的新发展，通过开放优质免费教育资源发展而来，"慕课"为网络学习者带来真正的个性化学习，为传统课堂的网络化发展带来机遇。"慕课"只是传统教育发展的一种新形式和媒介，仍属于教育的一部分，在课程建设中仍不能回避教育的基本价值追求。

一、慕课教学的基本特征

（一）规模性特征

慕课的规模性特征主要体现在四个方面：第一，慕课学习者众多。作为一个通过在线视频教授学生的大型开放式课程，学生的在线学习量是巨大的。第二，有大量知名大学和优质教学资源。世界范围内已有几百所名牌高校及机构参与到慕课平台的建设之中并在平台上免费与学习者共享一切优质课程资源。第三，慕课教学者众多。慕课的研发和创造包括完整的课程视频制作，上传到终端，及时回答问题，以及组织学生参与对话。任何步骤都需要专业指导教授，需要教育助理、开发人员和实验室助理等通力合作才能完成。第四，课程投入规模大。慕课通过互联网在全球范围内针对学习者需要进行高质量教授，因此平台需要充足的资金来支持。该课程还要求教师投入大量时间和精力提供课程、设计教学，以及学习者在学习活动中社区讨论和问题讨论。

（二）网络性特征

慕课的网络性特征首先体现在通过网络讲座和解释中。慕课开设者对慕课的内容进行审核之后可以没有时空限制地将课程上传到指定的慕课平台，供学习者自由无障碍地参考学习。其次，慕课的网络性特征还体现在线上自由学习和讨论学习多种学习模式共存，学生可以自由地选择适合自己的学习方式。最后，慕课系统通过学生的浏览痕迹对学习者日常的学习行为进行记录和分析，管理者能够根据这些记录了解学生的学习情况，从而能够对课程进行调节，为学生提供更好的学习资源。

（三）开放性特征

慕课的开放性特征主要体现在以下几个方面：其一，对学习对象开放。无论时间、地区、年级、文化、收入和班级，学习者都可以随时随地进行在线学习。其二，教学形式开放。慕课平台支持学生在学习和讨论中使用各种社交学习软件，以及创建和共享一些对于自己学习有益的资料。其三，课程和学习资料处于开放状态。慕课课程含有多种丰富的教学资源，学习者学习过程中资源获取方式比较快捷，并且能够根据课堂需要和教学环境的改变而变化，易于进一步拓展与修正。其四，教育理念是开放的。慕课的教育理念是让任何愿意学习的学习者不受时间、空间的限制进行学习，将高质量的教育资源与学习者联系起来，打破时空的孤立。

（四）个性化特征

慕课的个性化特征体现在三个方面：首先，学生可以完全进行个人学习。学习者可以通过教学平台选择学校中没有开设且自己感兴趣和有需求的课程，根据自己的时间和空间安排学习。其次，课程目标的多样化推荐。平台有多重学习模式供学习者选择，学生可以根据自身需要规划自己的学习目标。最后，针对课程资源的个性化建议。平台基于学习者日常的学习痕迹，对学习行为进行分析和总结，推荐出众多与学习者日常学习有关的学习资源供他们选择和参考，从而大大节省了学习者的时间。

二、慕课教学的优势

（一）为体育国际化和大众化提供了正确的途径

慕课的开放性、大规模性及优质资源的易获得性决定了全世界最好的精英课程会传播到世界各个角落。体育优质资源的共享会使各国的体育教育水平缩短差距。世界各国优秀的体育资源都是我国学习宝贵经验的途径，由于受到地域、时间、语言等一系列因素的限制，我们可学习和掌握的资源只能占少数，这无形中限制和阻碍了我国体育事业的快速发展。高校体育专业学生是今后我国体育事业的主要建设者和传播者。通过慕课学习国内外优秀的体育课程资源，可以使体育专业学生学习和掌握最新的体育课程资源，同时全国各族人民也可以学习和掌握体育最新的相关知识，这是提高国民体育锻炼的思想和意识，加快我国迈入体育强国新的拓展路径。

（二）为培养终身体育意识和锻炼习惯提供了充实的保障

终身体育教学理念符合人体自身发展规律和现代社会发展的需要，学校体育是终身体育的基础，它能使人们掌握体育的知识、技能，培养兴趣、爱好，养成锻炼习惯，逐渐培养体育的自我意识。但是学校体育只是人生的一个阶段，在其他阶段，如何继续培养终身体育意识和锻炼习惯也是我们需要面对的一个难题。体育慕课的出现正好为其提供了充实的保障，在"互联网+"背景下，人们通过体育慕课可以随时随地，不分人群、年龄、种族进行继续学习和掌握与体育有关的知识和技能，使体育始终伴随左右，这是终身体育培养和锻炼习惯养成得以延续的充实保障。

（三）为体育教学改革和发展提供了有利的环境

高校体育教学改革一直不断进行着，受传统教育理念的影响，体育教学很长一段时间内都是以教师讲解为主，学生被动获取体育技能和理论知识。随着社会的演变，体育教学不断变化，虽然多媒体、计算机等高科技设备都加入到体育教学改革中来，为改革填入了新的活力，但是教师在课堂讲解始终是主线，学生学习没有自主性。在当今学生获取知识资源如此便捷的情况下，这样的教学显然不能满足学生的要求。加之素质教育的提出，使许多高校体育教学改革迈入了误区，认为课程增加是素质教育的凸显标志，导致各种专业课的课时数相应减少。学生厌学、课时数减少，教师依然运用传统的教学方法，这使教学目的很难完成。慕课的出现为教学改革提供了便利条件，教学内容利用当今科学技术，采用碎片化的教学分块，使学生在课前、课中、课后随时可以观看，教学场地也不受时间、空间的约束，只要有网络的地方就可以课前预习，课中学习、讨论，课后作业检查，使教学形成有效的闭环。这样的教学方式改变了教师在教学中的地位，让学生从被动学习变为主动学习，教师满堂灌式教学变为指导和引导学生学习，碎片化加工使学生更容易高效、快速地掌握教学内容，教学的及时反馈可以使教师对教学快速地进行调整，这为现代高校体育教学的改革和发展注入了新的活力。

三、慕课在高校体育教学中的实施探索

慕课在我国的盛行已经成为现今教育发展的必然趋势，因势利导，将慕课与我国体育教育进行有机结合，从而提高我国体育教育的质量，促进学生产生学习兴趣和运动激情，对我国当前体育教育改革与发展起到了非常重要的作用。

结合我国体育教育现状来看，慕课给我国体育教育不足的情况带来了更多可能，而且慕课的教学理念已经影响了我国体育教育。慕课改变的不仅仅是教育，还改变了人们传播知识的途径，我国体育教育应该充分利用慕课这个教育工具，为我国体育教育的未来开创一个新时代。在慕课全面发展的当下，我国体育教育应紧跟时代步伐，与慕课接轨，不仅为学生创造一个优越的学习环境，也为教师创造一个继续教育的优良环境，让学生和教师共同学习，借鉴国外优质的教学资源，为我国体育教育的发展打下坚实的基础。

（一）加大宣传力度，促进优质资源共享

由于我国慕课起步较晚，因此我国体育教育慕课团队并不是我们理想中模样。当前，我国应从多方面加强对慕课的宣传力度。对于慕课来讲，用户人数的增加也尤为重要，基本等同于市场份额。慕课平台只有拥有了自己的用户，才会慢慢发展起来。慕课平台可通过互联网信息网站进行宣传，更要利用学校、教师向学生推广慕课，慕课平台还要进行自我营销，如利用邀请好友注册即可获得课程兑换券等。现今，各个平台都在争抢用户，拥有用户就等于拥有了市场。加大对慕课的宣传从而能更好地利用慕课的优质资源，让越来越多的人得到更好的教育，促进优质资源共享，达到资源合理配置。在传统教育当中无法满足学习者需求的，可以根据自己的学历层次、兴趣爱好、时间安排等在慕课平台选择适合自己的课程，这样既节约了时间，又充分利用了慕课的课程

安排，达到优质资源的合理利用，使全世界的学习者都可以得到最好的教育资源，充分体现教育的公平性。

（二）培养顶尖团队，制作慕课特色课程

培养我国体育教育顶尖的教学队伍，对体育教育的核心课程进行重点打造，突出体育教育的特色。一个学科没有特色课程，核心价值不凸显，很快就会被人遗忘或被其他课程所替代。体育教育更要根植于自身的核心专业，培育体育教育的教学团队，建立体育界一流的特色课程，并通过慕课平台分享给世界各地的学生。我国体育教育凭借特色课程和优质课程可以吸引更多的学生，可以提高我国体育的社会知名度，在世界同类课程的竞争中处于优势地位，并可以确保体育教育处于世界同类课程的领先水平。我国体育教育除了要制作一流的专业核心课程，对于非核心课程的建设也不能忽略。现如今社会发展需要一专多能的人才，学生除了学习自己的专业课，对一般的通识课、基础公共课也要有一定的认识、了解，如外语、语文、思想政治课等。而由于我国体育教育对专业课较为重视，对于理论课比较放松，因此对于理论课的教学质量参差不齐，理论课的授课教师存在一定的局限性。甚至一些学校缺乏理论课授课教师，无法开设足够的理论课提供给学生们，因此，我国体育教育可以利用慕课的优势，引进世界顶尖级的相关课程资源，弥补本校师资不足的缺陷，让学生不仅可以更好地学习理论课，还可以学习世界顶尖的理论课，提高学生学习的积极性和自主学习的能力，进而更多地为社会培养一专多能的人才。

（三）加强质量监控，丰富慕课课程资源

首先，慕课质量的好坏关系到慕课的长久发展。国内虽然在开展慕课，但并没有制定慕课课程的相关质量标准，这必定会影响我国体育教育慕课课程的质量。高校、政府和企业都可以共同制定慕课课程质量标准。在定义慕课时一定要明确慕课是把整个学习过程都呈现在网络上的：教师的授课情况、学生通过互联网学习情况、网上参与互动讨论情况、网上作业的提交情况，同时还有期中、期末考试，最后通过考核还有认定学分和证书等诸多事宜。慕课的基本特点是大规模、对任何人免费开放、有明确的学习目标、线上学习、课堂及线下作业、测试、社区讨论、评价考试、学习结果认定。除此之外还要建立课程审核机制，这样才能保证线上的教学资源是高质量、规范的资源。从课程的申报、评审、课程管理、考核要求和课程质量评估形成一系列完整的实施方案。评价机制也是慕课课程非常重要的一个环节。有效的课堂评价是慕课课程不断

完善的基础。课程质量评价可以从学生对课程的满意度对学习过程（学生的作业情况、出勤率、考试情况等）进行评价，还可以组织专家对课程进行评价。这些评价机制的建立为学生选择学习课程提供参考，也对教师的课程制作进行监督。当然，评价机制不仅仅针对教师，对学生的学习情况也要进行综合评价，因此，加强课程的质量监控，可以有效地提高慕课的教学质量并摆正慕课发展方向。

其次，学生的个性化也限制了慕课课程资源的制作，要充分考虑学生的学习兴趣，打造多层次的慕课课程。由于学习者在认知方面和文化方面可能存在着较大的差异性，对课程的理解是不同的。一流高校的课程可能并不适合普通高校的学生，因此，对于同一门课程可能要设计不同的版本，为学习者和教师提供选择。可以通过学校分类自建特色课程，也可以引进国内外知名高校的优秀慕课课程，当然体育教育不仅需要体育院校去自建特色课程，一些综合性院校也要发掘自身的特点，制作特色课程，这样才能够让体育教育课程多样化，丰富我国体育教育慕课优质课程资源。还要多开设一些能够满足少数民族地区的慕课课程，如利用少数民族语言、文化等，这对丰富教育资源也是难能可贵的。

（四）借鉴慕课方式，改革教学方法手段

由于慕课课程的开放性特点，使得学生在慕课教学内容以及教学方法的选择上更多元化，慕课平台是在互联网背景下展开，不受任何国界限制的，所以在慕课平台上有着数以万计的课程，这些课程是由不同国家、不同地区的教师讲授，改变了教学内容的单一性。其不足之处在于教学内容多样化之后，由于学生来自不同国家，有着不同的文化背景、知识结构，导致对统一理论产生不同认知。但是总体来讲，慕课带来的结果利大于弊，是可以促进我国体育教育改革的。对于体育教育教学方法的改革，不仅仅可以加强体育理论知识与专业技术的联系，对于提高教学效果实践更为重要。慕课由美国兴起到现如今在全世界流传，其成效在不同国家和地区都得到了大众的认可。由此看来，人们都顺应着社会的发展需要，教学方法的改革也是必不可少的。很多学者都说教育的本质在于分享，而慕课正是遵循了教育的本质，改变了传统教育。教学方法需要去调和课程的发展与学员的需求，如何将理论知识与专业技能用平实的教学方法讲明白，说清楚，把形象的专业知识形象地展现在学生面前，都需要教师选择最优的教学方法以达到教学目标。同时，对于教学方法的改革，应摆脱传统教育的被动学习法，让学生爱上学习，主动学习。教师要思考在教学过

程中采用什么形式、方法引导学生主动探索，而非采用满堂灌的教学模式。因此，我国体育教育运用慕课，提高学生学习能动性，激发学生学习积极性。积极吸取慕课的优秀经验，大力发展我国体育教育的教学改革，使体育课程迈上一个新的台阶。

（五）探索盈利模式，实现慕课可持续发展

慕课平台的建立以及运营都会消耗很多的财力、物力，仅靠政府部门资助以及高校出资不能够保证慕课的长远发展，想要让慕课教学持续发展下去，必须建立合理的运营机制，至少达到收支平衡。首先，各高校间可建立学分互认的机制，这将会对各个体育教育之间的专业技术课、理论课带来更大的发展前景，不仅可以合理地配置资源，还可以让学生享受更加优质的教学课程。其次，对于在线有偿学习其他体育专业技术课也有一多半学习者表示赞同。加大慕课市场化，对在职人员的体育教育也从不放松，慕课不仅为学校体育教育提供资源，也可以利用在职人员的学习兴趣对其提供新的培训模式，这也是慕课潜在的盈利方式。慕课可以解决我国体育教育资源相对较少的问题，不仅节约成本，更能有效达到资源的合理配置。慕课的市场化不仅要提高平台的效益，更要加强对慕课课程的质量提升。只有市场化才会使得慕课有持续的发展动力，让教育机构（如学校、政府等）与企业单位建立积极的合作关系，通过各种渠道满足慕课建设的经费需求。市场化的发展也意味着要提升慕课的服务意识，要从无偿奉献型变为有偿服务型，如此慕课才能成功的转型，达到持续发展，为体育教育的改革开辟出一条新道路。

第四节　翻转课堂在高校体育教学中的应用

一、翻转课堂教学模式概述

近几年，翻转课堂已成为国内外教育专家及学者研究的热点。这种模式是一个让学生在课前观看教学视频或课件等学习资源，课堂师生互动讨论解决问题，课后反馈总结评价的过程。翻转课堂是一种全新的"混合式学习方式"。实践证明，翻转课堂在激发学生兴趣、提高考试成绩和提升教师工作满意度方面都有促进作用。随着我国高校体育教学改革的不断深入，旧有的体育教学模式已不适应未来社会发展对人才的需求，体育教学模式也在不断得到创新和研究。体育教学作为一门实践性很强的课程，与其他学科相比具有特殊的专业特点。

翻转课堂教学模式的出现，正好为体育教学模式的构建提供了一个思路。在翻转课堂中，教师根据学生在线学习的情况，因人而异地对学生实施个性化教学。由于翻转课堂的教学资源不受教师、学生和学习时空的限制，能极大实现对有限教学资源的高效利用，使学生可以在线感受名家名师的授课，从而提高课程教学效率和质量，因此，翻转课堂教学模式越来越受到广大教育工作者普遍关注和日益重视。

（一）翻转课堂教学模式的理论依据及目标原则

教学模式是在教学思想和教学理论指导以及一定的教学理念的引导下建立起来的各类教学活动的基本结构或框架，通常包括理论依据、教学目标和原则、教学与学习程序、实现条件与教学资源、教学效果评价等要素。

在理论依据方面，以翻转课堂"先学后教"思想为基础，重视教学活动中学生的主体性和学生对教学的参与。依据高校体育教学的特点，通过视频学习吸收理解练习，不懂再回顾视频，从实践强化到学习掌握的过程，这样反复的循环过程可塑造有效行为目标。

在教学目标和原则方面，体育教学主要目标是巩固和提高大学生在中小学体育教育阶段构建的体育锻炼思想、习惯和能力，从而更好地引导和教育学生主动、积极、科学地锻炼身体，掌握现代体育科学中的基本知识与技能。

教学与学习程序方面，以优质视频资源和交互学习社区为基础的基于

MOOC 翻转课堂体育教学模式的基本教学程序可以设计为：预习教学内容—有针对性地观看教学视频讲解、示范—激发学习动机、发现学习问题—课堂讲授新课，接受教师、同伴评价—通过拓展资源完善、扩展知识与技能结构、通过反复练习实践加深理解和加强训练效果。

从实现条件与教学资源来看，近年来高速发展的 MOOC 平台和互联网的普及为翻转课堂体育教学模式提供了良好的实施条件，因此需要教师根据课程与教学内容自己设计与制作，其基本内容可以包括教学内容和动作演示讲解视频、理解性的练习、实践性的课余训练活动、实践训练的摄像记录视频、专题性的研讨问题等一系列问题。

从教学效果与评价来看，基于 MOOC 的翻转课堂体育教学模式的实施对激发学生学习体育的兴趣，培养学生自主学习、发现、分析、解决问题等综合能力和技能的提高，以及适应社会发展的自主学习能力和相互合作能力的培养具有积极作用。

教师要及时掌握反馈信息并根据所获情况进行适当引导、鼓励并充分调动学生的学习积极性，因材施教地针对不同学生进行讲解和教学。应该注意高校体育教学不同于其他文化课程，所以，对学生的评价，不能简单地以考试成绩作为其学习好坏的衡量标准，必须要把"健康"标准贯彻到体育考试环节。指导学生加强体育教育认识，养成体育锻炼习惯，构建与体育教育目标相适应的人性化测试。

（二）实施翻转课堂的意义

1. 翻转课堂的内涵与发展

翻转课堂出现在 2007 年前后，是将课堂中的一些知识，简单制作成教学视频发布到网络上，让学生在家里看视频，目的是解决部分学生因缺课跟不上教学进度的问题。可以说这样的上课形式颠覆了传统的教学模式，能够充分调动学生的主观能动性。这种全新的教学模式最先由美国科罗拉多州的化学老师乔纳森·伯尔曼和亚伦·萨姆斯在课堂教学中使用。但翻转课堂的兴起与发展则源于"可汗学院"的出现。

在翻转课堂教学模式逐步普及的过程中，各国的教育工作者也根据本国的实情对其内涵和实施过程进行了拓展、延伸与发展。翻转课堂开创者乔纳森·伯尔曼和亚伦认为这有利于激发学生潜在的求知欲望，发展学生深层次认知能力，实现教师与学生之间、学生与学生之间的实时交流与互动。

2.在高校体育教学中实施翻转课堂教学模式的意义

学校体育工作的中心是体育教学，而体育教学又包括体育理论知识教学和体育实践教学两部分。体育实践既是高校体育教育的重要组成部分，是激发学生热爱体育的直接方法，也是体育理论检验的基本手段，更是体育教育目标实现的关键要素。

对传统体育理论课教学理念的误解、大学课堂时数的限制以及高校体育教师在课堂教学上表现手法的缺失等种种原因造成了目前高校体育理论课堂教学的尴尬地位。一方面，这样的教学过程方法单调，内容也相对陈旧而缺乏新意。另一方面，不能因材施教。对于悟性较高的学习者，熟悉的讲解、示范令他们感到乏味而失去兴趣，这必然会导致学习效果参差不齐，难以激发学生学习兴趣的现象，而翻转课堂改变了这种现象，首先，翻转课堂突破了传统课堂时空和固定教师的限制，解决了一些学生由于某些原因不能接受课堂教育，或者不能及时领悟课堂教学内容的问题；其次，翻转课堂构造的学习社区加强了教师、学生、教学内容和教学、学习资源之间的相互作用、相互联系；最后，在翻转课堂中，教学过程基本上能够实现教学中倡导的因材施教与分层次教学，学生能充分发挥其在学习过程中的主观能动性并得到具有针对性的指导，有效地提升了课堂互动的数量与质量。正因为翻转课堂的这些优势与特征，所以翻转课堂的体育教学模式能够较好地解决教学时间限制、教学资源有限的问题，并解决课堂教学中学习效果参差不齐的问题，也为树立"终身教育"思想的贯彻提供了保障。

二、翻转课堂教学模式应用与实践

（一）翻转课堂的模式构建

体育教学翻转模式的构建与一般翻转课堂模式相似，包括课前学习资源的制作准备，学生自主学习、课中知识内化、课后总结评价几个阶段。

1.课前学习资源准备阶段

教学目标是教学活动的实施方向和预期达成的结果，是一切教学活动的出发点和最终归宿。在课前，教师根据教学大纲、计划明确教学目标和任务。在教学过程中不断修正新的教学目标，使课前、课中、课后形成一个完整的、协调的、相互联系的整体三维目标。通过信息技术将技术动作的概念、要领、方法及技术原理等制成 PPT 演示文稿。

综合利用演示文稿和视频等手段将教学内容形象地表现出来，按照教学步骤和程序制成学习资源上传网络平台。同时，注意翻转课堂教学内容的体系要完整，组织结构要合理，要根据学生的认知水平和要求，选择恰当的教学素材，并根据教学内容的结构特点进行合理加工和处理。

对于示范动作难度比较大或难以直接进行分解示范的动作，可以通过二维或三维动画技术并辅以用力方向、用力大小、运动轨迹等图示及文字说明将其生动具体地展示出来。比如：在背越式跳高过杆教学中，人体在过杆时所做出的"背弓"动作，在实际教学过程中无法在杆上做出静止示范动作，也无法更直观地展示，但通过视频的加工处理，配以"箭头"表示的力的方向及文字说明，就会使得教学视频更直观、更清晰。依据教学单元的计划安排，由浅入深、由易到难合理组织每个教学环节，让学习者在不浪费时间的前提下，学习掌握理论知识。

翻转课堂教学模式需要学生具有自主学习、发现问题和解决问题的能力，更需要学生积极主动地参与到课前新知识的学习中来。对技术动作概念、要领、方法及技术原理等理论知识进行学习，通过对知识的理解，借助想象法对技术动作有一个大概的理解和认识。学习过程中，要主动发挥发现问题和解决问题的能力，及时发现疑难问题，通过查阅网络资料解决一些力所能及的问题。对于新技术动作的渴望和热情，不可避免地会出现有些学生在课前主动地去练习，为避免缺乏体育教师的检查和指导，出现错误动作形成错误动作动力定型，要求学生在自行练习中要适当，以小组和结伴的形式进行，在充分观看了解教学视频示范动作的前提下，检查指导，锻炼和培养发现问题和纠错的能力。对于一些较难掌握的技术动作，通过"虚拟系统"不断地练习，帮助学生提高对技术动作的理解和认识，也能够保证在场地器材难以满足的情况下进行练习。

2. 课中知识内化阶段

课中应是学生提出问题、教师答疑解惑，并通过具体的身体练习形成运动技能，使知识内化的阶段。通过课堂学生间的讨论和教师交流互动，解决遗留的疑难问题。课堂上，教师放置好数码摄像机，对教学过程进行全程摄像。按照问题提出的类型或按兴趣、伙伴朋友关系、基础水平、性格等进行分组讨论和交流。针对探究活动，要创造性地设计好、组织好课堂探究和课堂讨论，引导学生在对话交流和合作中发展自我。对难以解决的问题，鉴于学生通过课前学习对学习内容有了一定掌握和理解，能够形成正确的思维，教师要辅以提示帮助，以便使学生更容易解决。待解决完学生课前所遇到的疑难问题后，按学生运动技术水平进行分组，实施分层教学，区别对待。同时，引导学生们积极展开思考，探寻错误动作产生的原因，让学生纠错的同时，理解错误动作产生的原因。另外，对运动技术掌握较好的同学，可以指导其尝试进行讲解示范，使学生在练习中，不但会做，而且会教，打破传统体育教学中只追求运动技能形成的单一模式。练习结束后，教师带领大家讨论在练习过程中遇到的问题和练习心得，总结课堂练习中存在的主要问题，为下次课的实践练习提供参考。

3. 课后反馈评估阶段

课堂结束后，教师将数码录像制成视频文件，然后上传到网络平台，提供给学生观看。针对课中练习时出现的错误动作、学生参与练习的态度、练习的效果等问题，进行总结评价，及时与学生进行沟通交流。同时，学生在课后还需学会写学习体会，根据课堂上对所学知识的理解和探讨进行总结，对自己在课堂上的讨论和练习过程中动作技术的掌握进行反思与评价。通过网络平台、QQ 群或微信等创造协作学习的环境和空间，形成一个有效的师生教学活动的"闭环通路"。

（二）高校体育教学翻转课堂模式的应用及实践

翻转课堂可以有效地提高教学效率，激发学生学习的热情。翻转课堂教学模式培养了学生自主学习、探究学习和合作学习的能力，有力推动了体育教师专业水平的提高。翻转课堂教学模式拓展了学生的学习空间和时间，加强了师生间、学生间的交流和互动。

翻转课堂提供了交流互动的平台，解决了学生同教师间的交流和互动，部分学生以前害羞面对面的直接交流，而网络平台的交流互动不需要直接面对教师，学生的害羞感没有了，自信心也增强了。因此，翻转课堂模式为师生间构建了一个协作融合的学习空间和环境。学生可以在学习知识的广度和深度上可自由控制，从而加强了对理论知识的理解和掌握。翻转课堂教学模式有效提高了学生的理论知识水平及实践能力，强化了理论知识和技能的融合与内化，有效提高了教学效果和教学质量。用合作式、探究式等学习方法，有效地强化了对理论知识的学习和掌握。

高校体育教学翻转课堂模式的构建突破了传统体育教学模式中存在的问题。网络平台的构建，也拉近了师生间的关系，让师生在任何时段都能够得到有效的沟通和交流，以"环路"的方式始终贯穿于课前、课中、课后整个过程，形成了协作融合的学习环境。翻转课堂虽被誉为"影响课堂教学的重大技术变革"，但翻转课堂模式中学习资源的制作、网络平台的交流互动、学生实践练习的"虚拟系统"等每一个环节的构建都得需要教师业务能力的提升和学生的学习适应能力等软硬件条件作保证，只有多重并重，方可实现其在高校体育教学中的真正融入。

（三）翻转课堂在体育教学中的应用创新发展

1. 创造良好的网络化教学环境

翻转课堂得以有效开展的前提必然是网络平台的优化，因此，它离不开一个良好的网络环境。我们需要集多方力量优化网络环境。

首先，我国政府部门可针对性地提出相关指导性措施。其次，国家体育教育局应该带头搭建一个体育资源共享的网络平台，通过网络平台对体育赛事、教学视频、动作解析等信息资源进行共享，让更多体育学习者能够享受到"翻转"带来的乐趣。网络平台的构建，也可以促进教师与教师生之间、学生与学生之间的关系，让师生无论在何时何地都可以得到很好的沟通和交流，形成团结协作的学习氛围。最后，因地制宜地开展翻转课堂，要根据各个地区本土教育情况构建出符合当地特色的翻转课堂教学模式，制定翻转课堂教学模式的长效机制，实现翻转课堂教学模式的可持续发展。

2. 翻转课堂与跨越式教学相结合

随着教育信息化的推动，世界各国掀起了教育改革的浪潮，我国也相继出台了一系列教育改革的政策和措施。跨越式教学试验正是我国教育改革大背景下的一面旗帜，通过信息化技术推动学科教育发展，从科技领域层面实现教育的根本变革。翻转课堂引入我国并未得到很有效的推广，出现了"水土不服"的现象。跨越式教学模式实质上与翻转课堂模式有异曲同工之处，都倡导以"学生为中心，教师为辅助"的教育理念。翻转课堂与跨越式教学两种教学模式有效地结合起来将减少翻转课堂在我国教育领域实施所带来的弊端，充分地融入我国教育体系，更有效地展示"翻转"模式的本质特点。

3. 构建适合我国体育翻转课堂发展的教学模式

目前，翻转课堂虽受到全球教育领域的热捧，但引入我国之后并未得到很有效的推广。打破固有的教育模式需要经历一场重大的教育改革，因此，翻转课堂应该结合我国教育现实情况，完善其教学模式，适应我国教育结构。当前，在我国体育教育改革的大背景下，翻转课堂教学模式为体育教学改革吹响了号角。在体育教学中如何实施翻转课堂教学模式也成为我国体育教育领域必需思考的问题。翻转课堂教学模式的出现迎合了体育教学的需求，体育教师可以通过教学视频、比赛视频或网络虚拟运动环境等手段对运动技术进行学习预热。首先，课前预习环节有效地节省了教师讲解教学内容的时间，增加了学生自主学习的时间，提高了学生整堂课的练习密度。其次，在课前通过观看视频的方式，大大提高了学生学习的积极性和主动性，对运动技术的学习和掌握起到了促进作用。要基于翻转课堂教学模式的基本构成，以"学生为中心，教师为辅助"的教学理念，构建出更加适合当前体育教学的翻转课堂模式。❶

❶ 菊春燕,孟梅,李松.青年教师如何构建课堂教学模式:基于翻转课堂理念[J].创新与创业教育,2014,5(5):71-74.

第四章　高校体育教育教学模式的创新

第一节 高校体育教学模式概述

一、体育教学模式内涵

（一）体育教学模式的概念界定

1. 教学模式

教学模式是按照一定原理设计的一种具有相应结构和功能的教学活动模型。教学模式综合考虑了从理论构想到应用技术的一整套策略和方法，是设计、组织和调控教学活动的方法论体系。教学模式在前人成果的基础上将会有新的发展。教学模式一词最早是由美国学者乔伊斯和韦尔提出的，他们认为教学模式是"试图系统地探讨教育目的、教学策略、课程设计和教材以及社会和心理理论之间的相互影响，以设法考察一系列可以使教师行为模式化的各种可供选择的范型"。

综而观之，当前国内大致有以下几种观点：结构论、过程论、策略论、方法论等。其相同点是都指出了教学模式的稳定性特点，不同点在于，一个定义确定教学模式是某种"结构"，一个将其视为某种"方法"。

因此，要揭示教学模式的本质，须从其上位概念"模式"谈起。模式的概念涉及人的两方面行为，一是对事物稳定的认识，二是对事物稳定的操作，而前者构成认识模式，后者则构成方法模式。所以，认识模式和方法模式才应当是教学模式的两层基本含义。由此可见，教学模式是教学形式与方法的统一体，其中，"过程的结构"是"骨骼"，"教学方法体系"是"肌肉组织"。

2. 体育教学模式

我们把体育教学模式的概念定义如下：体育教学模式是蕴含特定体育教学思想，在特定教学环境下实现其特定功能的有效教学活动的结构和框架。教学模式是对教学经验的概括和系统整理，教学实践是教学模式产生的基础，但教学模式不是已有的个别教学经验的简单呈现。同时，教学模式被看作沟通理论与实践的桥梁，既能用来指导教学实践又能为新的教学理论的诞生和发展提供支撑，其在两者中起中介的作用。根据对教学模式的认识，与其他学科教学相比，体育教学是一个比较复杂的教学过程。它与学习过程、游戏过程、训练过程等有着密切关系，因此，认知的规律、身体锻炼的规律、技能形成的规律、竞赛规律等都是体育教学过程中必须遵循的规律，体育教学模式必须反映这些方面的特点。

（二）体育教学模式的构成要素

体育教学模式的构成要素主要有五种，详细内容如下。

（1）教学思想。教学思想是构成教学模式的核心因素，也是其灵魂所在，体育教学模式构建时所应具备的理论和思想就是教学思想，也可以理解为，教学模式是需要以教学思想为理论支撑的，不同的教学思想理论会构建不同的教学模式。比如，1980年我国构建的愉快教学模式就是以同时期学生的实际需求为基础的，提高了学生的参与度，激发了他们的参与热情，与此同时，还有助于他们养成终身体育的良好习惯。

（2）教学目标。体育教学模式存在的意义就是促进教学目标的完成。倘若没有教学目标，那么，体育模式的存在也毫无意义可言。"体育教学模式所能够达到的教学效果是体育教师对某项教学活动在学生身上将产生的效果所做出的预测。"体育教学主题的具体编写就是教学目标，教学模式是围绕教学目标存在的，同时，教学目标也会对教学模式的其他构成要素起到限制的作用。

（3）操作程序。操作程序就是教学活动中的环节和流程。体育教学工作中，按照时间顺序逐次进行的逻辑步骤以及各个步骤的具体执行方法就是操作程序。不管采用何种教学模式，操作程序都具有独特性。此外，操作程序并不是固定存在、毫无变化的，但总体而言，它具有相对稳定性。

（4）实现条件。实现条件，是对操作程序的补充，它主要就是教学模式中具体使用的方法和策略。实现条件主要有人力、物力、财力三方面的内容。进一步来说，也可以理解为教师与学校、教学内容与时空以及学校所具备的设施设备等。

（5）评价方式。不同的教学模式适应不同的教学目标，并且在使用的程序和条件方面也是不尽相同的。所以，每一种教学模式都有与之相对应的评估准则和方法，并且相对应的评估准则和方法都是独立存在的。在实际的教学过程中，是不会采用完全相同的评判准则的，因为会造成评估结果缺乏合理性和科学性。

二、体育教学模式的特点

（一）整体性

体育教学模式是一个整体性的系统构成，在体育教学模式系统中，教学思想、教学目标、操作程序、实现条件、评价共同构成一个完整整体。

体育教学模式在体育教学实践中的实施，对体育教学效果的影响是教学模式的整体效应，而非教学模式系统内部的具体系统要素的作用发挥，体育教学模式的各要素结构组织不同，教学模式的类型和教学作用也不同。

教学模式的应用所解决的主要问题是体育教学的整个教学任务的完成问题，对教学过程中的微小细节问题不能一一照顾到。在体育教学活动开展期间，对于体育教学模式的选择必然是从教学宏观角度出发来选择相应的教学模式的，教学过程中，解决问题应着眼于整体的角度，而不能为了教学中的一个细小问题选择不合适的教学模式。

（二）简明性

体育教学模式为体育教学的开展提供了一个整体框架，使得体育教学设计能在框架基础上做到有的放矢。简单来说，教学模式是简化了的教学结构理论模型，它是从理论高度简明、系统地对凌乱纷繁的实际教学经验的理论化概括，是简单、易理解的教学模型，对体育教学具有提纲挈领的指导作用。

（三）稳定性

体育教学模式是对体育教学实践过程的高度概括，这种概括性和教学过程描述的简明性决定了体育教学模式的稳定性。体育教学模式构建之后，其结构是稳定的，体育教学模式适用于一定的体育教学思想，适用于多种教学内容、教学对象，不同教学模式在教学操作程序、教学目标实现方面有所不同，可以很好地适应体育教学实践，能够结合具体的教学情况，解决不同的体育教学问题。体育教学模式自出现到发展至今，常用的总是经典的几个体育教学模式，有多个教学模式历经几十年依然在使用，在以后相当长的一段时期内，该教学模式还会长期使用，这充分体现了体育教学模式的稳定性。

（四）针对性

体育教学模式的针对性主要表现在其选择依据方面，教学模式的选择不是随意的，必须是科学的，与体育教学目标和教学对象相符的。

一是针对不同的体育教学目标，有不同的体育教学模式。如旨在促进学生自主学习能力的发展，发展学生的探索意识和能力，多采取探究式教学模式。

二是针对不同的教学对象，体育教学模式不同。例如，情境教学模式，通过故事形式，开展体育教学活动，适用于理解能力较差、体育基础不够的学生；快乐体育教学模式适用于一些简单、趣味教学内容的展示，更适用于年龄小和刚接触体育教学的学生。

（五）开放性

体育教学活动的开放性决定了体育教学模式的开放性，体育教学模式的开放性表现以下几方面。

（1）体育教学模式结构稳定，但系统内部的各要素的情况是可以发生变化的，并且在体育教学模式的实施过程中，体育教学方法、手段等都具有多样性，可以随着教学需要发展不断丰富化。

（2）体育教学模式程序固定，体育教学模式在结构上、程序上是基本固定的，而且教学程序是不可逆转的，但不同体育教学活动之间的内容比例、时间比例是可以灵活调节的。其中某些内容可以以教学实际进行压缩、省略和重叠。

（3）体育教学模式的开放性更多地表现为结合体育教学需要的局部调整，体育教学模式的性质不会发生改变，体育教学模式的整体或细节的调节可以使体育教学模式更加与体育教学实际相符。

（六）操作性

教学模式具有操作性，任何一种体育教学模式都必须能在体育教学实践中应用，否则再好的体育教学模式如果只能停留在理论阶段，都只是空谈。通过对体育教学模式的实施，能使体育教师非常清楚地知道在教学中应该先做什么，再做什么，最后做什么，并为体育教学模式的实施创造必要的教学环境与条件，使体育教学模式具有可操作性。

三、我国新型高校体育教学模式的建构

（一）新型体育教学模式的理论基础

1. 新型体育教学模式的现代课程论基础

教学属于课程的一部分，所以，建立教学模式必须以一定的课程理论为基础。现代体育课程理论基础主要分以下几点。

（1）体育课程目标实现多元化。体育课程目标不仅把增强体质、提高健康体质作为首要目标，而且注重培养学生体育文化素养，同时强调学生个性和创造力的培养，并主张结合体育课程内容的特点，把道德教育和合作精神的培养融合在体育教学过程中。在时间上，通过体育课程，不但要完成学生在学校期间体育知识的传授和技能的培养任务，还要培养学生学习体育的能力、兴趣、习惯，为其终身参加体育活动打下基础。

（2）课程内容注重学校体育主体需求。随着社会的发展，学生对体育的需求呈多元化态势。课程内容只有满足了学生需要，才能激发学生兴趣，形成稳定的心理状态，实现终身体育。一是要重视传授终身体育所需要的体育知识，主要包括体育基础知识、保健知识、身体锻炼与评价知识等。二是竞技运动项目的教材化。

（3）现代体育课程论与新型体育教学模式。20世纪60年代以来课程理论出现两次世界性的变革：一是学科中心课程论；二是人本主义课程观。我国体育课程的体质、技能、技术教育思想正是学科中心课程在体育课程中的反映，至今仍影响着体育课程的改革。

①新型体育教学模式的目标取向。教学目标受课程目标影响，没有新的课程目标就不可能有新的教学目标。新型体育教学模式的目标不仅要求有运动技能目标，还有情绪、态度、能力、个性等目标。

②新型体育教学模式的价值取向。重视全体学生全面发展和个性培养相统一。学生发展离不开体育学科内容的学习，学生通过体育学习发展自己。

③新型体育教学模式的教学设计思想。课程的问题中心设计模式是新型体育教学模式设计的模式基础。问题来源于学生的发展需要和教学内容的需要。在教学设计中，要让学习者作为一个完整的个体参与到教学中来，让学习者在解决问题中学习掌握学科内容。

2. 新型体育教学模式的现代教学论基础

教学论有许多流派，如探究发现教学理论、情意交往教学理论、认知教学理论、建构教学理论等。下面简要列举一些对建构新型体育教学模式有支撑作用的观点。建构主义教学观认为，教学的目标是充分发展学生的主动性、自主性和创新性，教学目标之一是培养"能够在现实的生活世界中应用知识的能力"。用通俗的话说，就是学会学习，并能调控自己的学习。建构主义与以往的教学理论相比，更加突出表现出了三方面的重心转移：从关注外部输入到关注内部生成，从"个体户"式学习到"社会化"的学习，从"去情境"学习到情景化的学习。综观各个教学理论流派的观点，其共同之处，便是对"主体性"的追求。其中，学生的自主性主要指学生的自我意识与自我能力，包括学生的自尊、自爱、自信、自决、符合实际的自我判断、积极的自我体验和主动的自我调控等。创造性是学生的主动性和自主性发展到高级阶段的表现，它包括创造的意识、创造的思维和动手实践的能力。教师的教是外因，学生的学是内因，外因通过内因起作用。教学中尊重差异，才能使教育恰到好处地施加于每一个学生，才能发挥学生的主体作用。

（二）新型体育教学模式的性质与设计

1. 体育教学模式的基本属性

根据对各种先行研究的归纳，提出体育教学模式的几个基本属性：理论性、稳定性、直观性和可评价性。

（1）理论性。指任何一个比较成熟的体育教学模式都必定反映了某种体育教学指导思想，都是一种体现了某个教学过程理论的教学程序。

（2）稳定性。一个体育教学模式的确立实际上是一个新型的体育教学过程结构的确立，既然是结构，就必然有相当的稳定性。

（3）直观性。直观性也可称为可操作性，任何一个新型的体育教学模式的建立，都意味着它和以往的所有体育教学模式是不同的。这就使人们可以根据其特定的教学环节和独特的教程安排来判断是不是属于此种教学模式。

（4）可评价性。所谓可评价性是指任何一个相对成熟的教学模式确定，必有着与其整个过程相应的评价方法体系。因此任何一个教学模式都可以对实施这个教学模式的教师给予明确的教学评价，这不仅仅是对该教师对教学模式理解程度的评价，也是对教师参与、认识和学习能力进行系统评价。

2.新型体育教学模式的特征

新型体育教学模式应具备如下特征：在教学指导思想上，将把社会需要的体育和高校学生需要的体育结合起来，以实现体育教学中满足社会需要与促进学生个性发展的和谐统一。在教学目标上，将围绕着 21 世纪对人才培养需求、高校学生身心特点等方面加强对学生能力的培养。教学程序中，逐步融入运动目的论的思想，让学生充分体验运动学习的乐趣；引导学生充分理解和参与学习过程；改变过去教师划一化、统一化、被动性、机械性的做法；在教学方法上，以主体性教学观为视野，提供个别化和个性化的教学方法；在教学评价上，将以学生生动活泼的学习、个性充分发展、兴趣习惯能力养成、主要学习目标的达成等为基准。

（三）体育教学模式整体优化研究

1.体育教学模式整体优化的原理和原则

系统科学整体优化原理：按照系统科学理论的思想和观点，任何事物、过程并不是各自孤立和杂乱无章的偶然堆砌，而是一个由各个部分组成的合乎规律的有机整体，而且它的整体功能要大于各部分功能之和。

体育教学模式整体优化的原则：①整体性原则。用整体的观点考察体育教学模式，有助于我们在教学实践中科学地把握体育教学模式的结构和活动环节。②综合性原则。体育教学内容的执行和体育教学目标的实现均建立在优选的体育教学模式基础上才能完成。

2.体育教学模式整体优化的内容

影响体育教学模式结构的因素很多，包括教学思想、教学内容、教学程序、教学方法、教学条件等，在诸多的因素中笔者选择了教学内容作为逻辑起点与突破口，对多元体育教学模式进行优化。

（1）根据不同教学思想优化体育教学模式。体育教学思想是制定体育教学模式的灵魂，不同的体育教学思想赋予了具体教学模式生命力，使教学模式有了明确的方向，最终去完成它预期的目标。为使教学思想条理化、明确化，使之从整体上符合学校体育指导思想的大方向，根据教材内容的不同性质，把它分类为精细教学型内容、介绍型内容。因此这类教材的教学模式应以情感体验类模式和体能训练类模式为主，让学生在无技术难度的宽松条件下，一方面提高身体素质，加大运动负荷，可选择训练式教学模式、自练式教学模式等；另一方面通过快乐学习、成功学习，体验运动的乐趣，可选择快乐体育教学模式、成功体育教学模式等。

（2）根据单元教学不同阶段优化体育教学模式。在精细教学类内容中，大纲规定了各个项目的学时，以确保各个运动项目单元教学任务的完成，并使学生能熟练掌握几项运动技能。在单元练习的最后一个阶段，由于学生已经基本掌握所学的运动技能，应进一步重复练习和巩固、并注意动作的细节问题，因而在此阶段应以选择能力培养模式为主。

（3）根据不同的外部教学条件优化体育教学模式。体育教学的条件分为两类：第一，固定的一些硬件；第二，不固定的硬软件。

（4）根据学生基础优化体育教学模式。教师是教学活动的主导，学生是教学活动的主体，主导与主体因素构成了体育教学活动的主要因素，因而在选用教学模式时，要考虑到师生的具体情况、具体特点。

第二节　常见的高校体育教学模式及应用

一、快乐体育教学模式

（一）快乐体育教学模式概述

1.快乐体育的定义

快乐体育教学模式指的是在以运动为基础的前提下，教学人员采用适宜的教学方法，一方面增加学生的体能，另一方面使学生从体育学习中得到快乐的体育教学模式。其指导思想是让学生在教学过程中，不仅能够学习运动技能、锻炼身体，还能够充分感受到快乐，进而培养学生终生进行体育实践的意识。

快乐体育教学中，一般会采用将游戏、比赛掺杂在教学工作中，采用初步体验—挑战学习—创造乐趣的模式进行，它没有固定的教学方式，经常会随着教学人员和学生的改变有所不同，但其最终目的都是相同的，就是让学生快乐地进行体育实践，实现身心的全方位锻炼。人民是国家的根本，国民身体素质对国家的发展至关重要，只有国民身体素质过关，才能投身于祖国的建设中，而快乐体育就是让国民快乐地、主动地进行体育实践，所以说快乐体育在我国社会主义建设中是不可缺少的。

2. 快乐体育的起源

快乐体育思想起源于日本与德国，有着非常明显的时代特征。受德国、日本两国快乐体育的影响，我国的体育教学模式不断进行改进，快乐体育思想也逐渐影响国人，体育教育工作者经过不懈的理论研究与实践探索，已经建立了自己的教学模式，由以前的以教学人员为主体的体育教学变成了现在的以学生为主题的体育教学模式。当前快乐体育教学模式已经在各地学校掀起了热潮，不仅反映了传统体育教学体制与方式的改革，也是我国对体育锻炼重新认识的反映。快乐体育出现的根本目的在于，在体育教学过程中通过激发学生的主观能动性，调动学生主动进行体育实践的积极性，使学生能够快乐地进行体育实践，并形成终身锻炼的思想。

（二）快乐体育教学模式的特点

快乐体育教学相对于传统的体育教学模式独具特色，它有一套完整的思想体系对体育教学工作进行指导。在开展情感教学的基础上，对学生进行人格教育、身体教育，关注运动给学生带来的乐趣，充分激发学生的积极性。

1. 全面加强的素质教育

首先，快乐体育教学方式的实施不会使学生单纯地进行体育锻炼，它会让学生们在快乐中进行体育锻炼，体会到运动的乐趣；其次，快乐体育教学模式能够帮助学生在体育锻炼中开发智力，形成一种体育能力；最后，有助于全方面地培养学生的素质，如审美能力、道德品质、个性发展等。

2. 主观能动性的培养

在快乐体育教学中，真正的主体不是教学人员，而是学生，学生还是体育教学工作服务的对象，所以应当充分尊重学生的主体地位。传统的体育教学模式比较机械，忽视了学生的主观能动性，他们一直处于被动接受的地位。每个学生都有自己的思想，快乐体育教学会让学生在一种愉悦的气氛中学习，有助于学生主观能动性的发挥以及思维的开发。此外，快乐体育教学相对来说比较灵活，不会让所有学生都朝着一个目标进行发展，教学工作人员会根据每个学生的特点及长处因材施教，使每个学生在进行体育锻炼的时候达到自身的满足，在全面培养基本素质的前提下使学生的个性得到发展。

3. 主动积极的学习

主动积极的学习就是要调动学生学习的积极性，使其从厌学转变成乐学，这也是快乐体育教学的目标之一。主动与被动有着本质的区别，当学生被动接受某件事时，心情会非常糟糕，感到压抑；当学生主动接受某件事时，就会感到很愉悦。快乐体育教学就拥有这种魅力，它从根源上发掘快乐，由被动变主动，充分调动学生主动学习的积极性。快乐体育教学模式只是教学中的一项，由快乐体育教学可以推及至其他课程的教学工作，只有学生主动积极地学习，才会让受教育这一过程变得快乐。

4. 相辅相成的教学

体育教学与其他学科的教学是相辅相成的。快乐体育教学有助于学生拥有健康的身心，有助于他们进行其他知识的学习。快乐体育教学主要以体育课堂为主，课间操以及课外其他体育活动为辅，当从体育活动中获得快乐之后，会更加高兴地接受其他课程的学习。

（三）快乐体育教学模式的优势

1. 快乐体育是迈向终身体育的有效途径

快乐体育是指教师正确运用教学方法手段，在教学中营造一个和谐、平等、活跃的课堂氛围，缩短师生之间的距离，激发学生的学习热情、使他们能够积极、主动、快乐地参加体育教学活动，使他们能够产生成功、快乐的体验，以达到促进学生身心和谐发展的教学目的。因此，快乐体育的精髓就是寓教于乐。

进入 21 世纪以来，我国的学校体育教学比以前虽然有了形式上的改观，但总体来讲其核心思想仍然是传统的"注入式"，从而出现了"貌合神离"的怪现象。一部分学校扛着"快乐体育、健康体育、终生体育"的大旗，却继续走在传统教学的老路上。一方面是由于很多体育工作者并没有真正领会快乐体育乃至终身体育的内涵；另一方面，将快乐体育的精髓融入各种复杂的教学环境中仍然存在着很多的实际困难。快乐体育强调以学生的体育需要、情感需要和人格需要为出发点，强调学生的学习动机应该建立在自身的需要和对社会的责任感上，强调学生要用适宜的方法、顽强的意志和强烈的兴趣来调节自身的学习活动，强调把学习中的成功体验、锻炼中的乐趣作为追求的目标。这样才能真正地在教学中营造出和谐、愉悦、快乐的氛围，才能真正地使学生乐于学、喜欢学，才能真正地使学生自觉主动地发展体育能力、培养良好的思想品德和坚忍不拔的意志品质。我们有理由相信，随着学校体育各方面条件的逐步完善和我们体育工作者对"快乐体育"理性认识的提高，快乐体育必将成为学校体育教学的主导思想，也必将成为通向终身体育的桥梁。

2. 快乐体育教育思想方法培养学生终身体育观

快乐体育的思想其实早在 20 世纪五六十年代就已经提出，经过教学实践，尽管很多对此思想仍有争议，但有一点是肯定的，快乐的体育课堂教学能让学生更好地掌握技术、技能。但快乐体育并不是一种教学方法，而是一种教育思想。快乐体育的指导思想，主张以全面育人为出发点和归宿，面向终身教育，以情感教学入手，强调乐学、好学、育体与育心相结合，使学生之间、师生之间在协调愉快的环境中，锻炼身体、磨炼意志、陶冶情操，使他们的身心得到全面和谐的发展。因此，在理论教学上，不仅要以体育科学、健身原理、身体锻炼的作用与方法去指导学生，更应从体育的实践出发，力求理论与实践的有效结合。如每次体育课前教师讲 1 ~ 2 个知识点，介绍增长力量的最好方法是隔日训练，以及每次选用重量及组数等。如果学生按教师介绍的方法练习后效果很好，这样就能引起他们的兴趣，形成经常锻炼的习惯。如果学生掌握了较为丰富的体育理论知识，不仅能提高体育锻炼的动机，而且能增强运动能力，又能对自己的健康状况、体育锻炼效果做出自我评价，从而增强体育锻炼的兴趣和信心，随着环境的变化和年龄的增长，他们很可能成为终身体育的受益者。

3. 快乐体育顺应现代体育教学改革模式

从教育理论上看，快乐体育认为情感是知识向智力转化的动力，是联系教师和学生的桥梁，是人格发展的有机组成部分。马克思主义认为"体育是满足人类个体及社会的物质需要和精神需要的实践活动"。因此体育教学必须在学生自主学习、自觉学习的基础上，真正让学生成为课堂的主人，教师要尊重每个学生，要公平地对待每个学生；在教学中要善于启发、引导学生，做到学生的主体与教师的主导密切结合。这种新型的教学关系顺应了时代的发展，是打破教师单项"填鸭式"教学的必由之路，为体育课教学带来新的理念。体育教学是实现学校体育目的的基本途径，基本组织形式是体育课，传统体育课形式较为呆板，要改变这一状况，就必须全面地贯彻新的教育观，把体育教育、健康教育、生活教育、保健知识教育等融为一体，改变旧的教学内容和方式，让学生在读书阶段学到终身受益的体育项目和相关的理论知识。如果学生在学校总是被动接受他们不感兴趣的体育内容和死板教条式的教学方法，他们就很难树立正确的体育观。

"快乐体育"则强调在体育教学过程中，采用多种方法和灵活手段对学生进行启发和引导，使学生由被动接受转变到主动追求，可采用讨论或游戏竞赛的方式进行，让同学们在充满欢乐和愉快的课堂气氛中把课的内容完成，在一定程度上既满足了学生运动的欲望，巩固了知识技能，又能改变知识由过去的"单项传递"为现在的"多项传递"，从而实现"寓教于乐"，变被动体育为主动体育，帮助同学们逐步形成自学、自练、自查的能力，成为一位真正的终身体育者。

4. 快乐体育教学思想寓教于乐实现玩中有学

快乐体育的教学手段强调教法的灵活多样性和学法的实用有效性，将"玩"融入体育课堂。爱动好玩是学生的天性，大学生兴趣广泛，好奇好动，常常以直接兴趣为动力，这就要求体育教学应多从学生的兴趣特点出发，采取灵活多样的"玩"的形式，既可提高学生参与体育活动的兴趣，又能在娱乐中反复出现体育教学内容，实现体育教学目标，完成学习任务。可以看出，将"玩"融入课堂，已成为提高体育教学质量的有效手段之一。求"新"、求"奇"是大学生的一大心理特征，教师应抓住这一特征，在体育教学手段上不断创新，让学生爱"玩"。创设教学情境，让学生敢"玩"。在学生心目中教师的形象是高大的，他们对教师是尊敬喜爱的，因而教师应主动与学生建立深厚的感情，和学生多在一起活动，一起玩。

5. 快乐体育的组织形式多样化的变革

快乐体育组织形式的多样化，能更好地促进学生个性和谐发展。21 世纪是一个色彩斑斓的时代，任何人或事物如果不求创新而故步自封，必将遭到社会的淘汰，学校体育教学自然也不例外。当代的高校学生是具有个性的一代，是追求个性的一代，这是社会进步的表现，我们不但不该将其个性抹杀，还应充分利用体育教学这种有利形势，去开发其个性，使其个性与正确的人生观、世界观相连接，最终成为创新型的人才。

在教学组织上，快乐体育遵循"严而不死""活而不乱"的原则，既有严密的课堂纪律，又不失生动活泼的教学氛围，并强调多向交流和教学环境的优化。随着学校体育场地器材的不断完善，用丰富多变的组织形式来引导学生，使学生的个性融入体育运动中，既满足了学生的好奇心，又使其个性得到了和谐的发展，在身体素质得到锻炼的同时，也培养了他们团结、求胜、坚强和拼搏的意志品质。快乐体育思想是时代精神的反映，是民主、和谐社会在教学中的体现，与我国政治、经济、文化的发展密不可分，与教育改革及体育改革紧密联系。"快乐体育"代表了"以人为本"的进步性，尽管在实施过程中由于受到许多主、客观因素的制约仍有许多不足。相信随着国家经济的进一步发展、体育设施的逐步完善、人们认识的不断飞跃和广大师生的共同努力，我国教育和体育事业的明天必将更加美好。

（四）快乐体育教学模式的实施

"快乐"是一种愉快的情感体验，而乐趣则具有使人产生愉快情感体验的运动特性。所以"快乐体育"教学强调运动与生活关联，体现主动、快乐和个性发展的效果。

1. 强调快乐体育的重要性

在传统观念中，体育课只是起到锻炼身体的作用，甚至有的老师认为体育课应该进行缩减，学生应该把重点放在文化课学习上。所以想要真正地实施快乐体育教学模式使其发挥作用需要做到以下几点：首先，在学校里先对所有老师进行培训教育，让教师先意识到快乐体育的重要性；其次，学校的管理人员在课程设置上需要有所调整，由原来的每周一节体育课改成每周两节或更多的体育课；再次，对体育教学工作人员进行严格筛查，招聘专业的体育人员，对他们的各方面素质进行考核，使其在体育教学工作中发挥积极的引导作用；最后，举办运动会，将快乐体育思想融合其中，积极鼓励学生参加。

2. 强调快乐体育教学工作中的主体

传统的体育教学模式强调教师在教学过程中的主导地位，学生只是处于被动接受的位置，这会导致学生丧失学习的主动性、积极性，一旦学习兴趣丧失就会导致学习效率下降。而快乐体育教学与传统教学最大的不同就是弱化了教学人员的地位，强化了学生在教学工作中的主体地位。只有受教育的对象能够从思想上、行动上接受某种教学模式，从中体会到获得知识的快乐，教学人员的工作才能事半功倍。并且，每个学生进行体育学习的基础、目标以及学习方式均是不同的，教学工作人员只有根据学生的实际情况和需求因材施教，鼓励并引导学生，才能取得良好的教学效果。

3.建立和谐的师生关系

体育教学是一个复杂的活动，它要求在教学工作中，教师不仅要培养学生的身体素质，还要对学生的思想进行引导。在传统的体育教学中，教师是占主体地位，在教学工作中发挥着关键作用，学生对老师除了敬畏外，甚至会有害怕的心理产生。而快乐体育教学则强调在教学工作中和谐的师生关系是关键。和谐师生关系的建立是快乐体育教学关键的一步。首先，体育老师应该用自己良好的思想品德、高超的运动技巧、诙谐有趣的教学风格影响学生；其次，在快乐体育教学中，教师还需与学生建立一种亦师亦友的关系，让学生在课堂教育中感到轻松，真正做到在快乐中学习；最后，在课堂实践中，体育老师应该参与到学生中间，形成有效的师生互动。还需根据不同学生的性格特点进行个性化教育，鼓励学生有自己的想法，激发他们学习体育的兴趣，有助于进行终生体育实践活动。

4.有组织地进行体育教学工作

快乐体育教学的主要目的是以运动为基础让学生逐渐认识运动、爱上运动、终生运动。这就要求体育教师进行合理的安排，首先，充分利用每节体育课，结合同学们关注的重点，增强学生对体育运动的认识；其次，通过在课堂上组织有趣味的体育游戏，激发学生对体育运动的兴趣，在游戏中进行体育锻炼；最后，在运动技能的学习过程中，要考虑学生的情绪，做好引导工作，多鼓励少批评，让他们感受运动的快乐。

5.发掘学生的个性

传统的体育教学模式更关注运动对学生身体素质的改善情况，而快乐教学模式除此之外，还能够因材施教促进学生的个性发展，帮助学生挖掘某项运动的潜能。快乐体育的教学模式能够培养学生的独立创造能力，丰富其精神生活，促进全面发展。

二、合作学习体育教学模式

（一）合作学习教学模式概述

1.概念

合作教学是一种与传统的教学观相对立的全新的教学观。它是由格鲁吉亚杰出的心理学家、教育家阿莫纳什维利提出。合作教学实验的显著特点是：从尊重学生的人格与个性出发，建立新型的师生关系，将学生在游戏中固有的自由选择和全身心投入的心态迁移至教学过程中去，从而在师生真诚的合作中实现教学目的。

体育合作学习模式是在教学理论和实践中发展形成的、用以组织和实施具体教学过程的、相对系统稳定的一组策略或方法。体育教学模式是体现一定教学思想，并具有相对稳定的教学过程结构和教学方法体系的教学程序。合作学习是两个或者多个个体为了实现共同的教学目标而结合在一起，在小集体范围内进行思维碰撞、相互质疑、辩驳，从而取得共识、获得知识、发展思维、培养能力的一种学习模式。体育合作学习教学模式是指在教师的指导和学生的参与下，运用运动的手段，利用适宜的条件，创造一种较为复杂的运动环境，使学生通过个人的努力或与同伴进行合作学习，克服困难，完成任务，促进学生交流与协作意识双重发展的一种教学形式。

2. 基本原理

①教学过程的发展性原理。合作教学认为，每个学生都具有无限的潜力和可塑性，教学与教师又能最大限度地发挥学生的潜能。②教育过程的人性化原理。合作教学提出教师要做到以下三方面以保证人性化的贯彻与实施：第一，热爱学生；第二，使学生的生活环境合乎人性；第三，在学生身上重温自己的青春。③教学过程的整体化原理。教学过程就是要发挥学生的自然力与生命力。④教学过程的合作化原理。在现实社会中，常常会发生学生希望成长，但也想玩；愿意学习，但不想失去自由的现象，因此教师就要做到与学生合作并从学生的立场出发组织教学。

3. 方法

合作教学需要有一种能激发学生兴趣的师生关系和一套能鼓励学生自愿参加教学活动的方法。具体方法如下：①教会学生思考。教学中，教师可以采用在学生面前一边出声地思考，一边解题，让学生耳闻目睹教师的思考和解题过程；或教师应该鼓励学生怀疑、反驳、论证此课题。②"夺取"知识。合作教学认为，教师不应把知识填入学生的头脑，而应当让学生与教师"夺取"知识，并在这种"搏斗"中体会成功的快乐。③充分利用黑板。合作教学认为板书是师生双方交流的主要手段。④学习书面语言。⑤说悄悄话。说悄悄话是课堂提问的一种特殊方法。答案对与错，由教师给予奖励、安慰等评语，有利于保护学生的积极性与自尊心。⑥由学生当老师。合作教学认为，教师应当像演员一样，在教学中与学生一起做游戏，使学生感到自己从事的是自己愿意干的重要事情。

4. 体育合作学习的心理分析

苏联教育家苏霍姆林斯基曾说"没有这种自我肯定的体验，就不可能有对知识的真正的兴趣"。在体育合作学习中，每个学生既充当学习者，又担当教师角色，使每个学生在此过程中均有表现的机会，进而个人成就感和表现欲得到了一定满足。这种良好的学习体验会形成一种良好的心理感应，进一步激发学生的学习兴趣和求知欲望，并由此强化小组间的凝聚力，形成小组学生间踊跃参与的合作行为。从学生的体育学习心理看，大多数学生喜欢在宽松、有序的环境下从事体育活动，体育教学应该尊重学生这一心理特征，并为学生自主学习创设宽松、自由的学习环境，以培养学生体育学习上的组织能力，从而实现由"要我学"到"我要学"的转变。

5. 体育合作学习模式的误区

体育课堂学习中学生之间的交流与协作，是集互动条件的共同利益与群体智力的合作和情感连锁反应。任何形式的体育合作学习教学模式都是有具体的、明确的小组和个人教学目标的，都是为完成集体和个人目标而设定的，也都是围绕着各类目标的达成而展开的。许多教师认为，体育合作学习教学模式与传统教学仅仅是在教学形式上不同，搞体育合作学习教学模式，不过是把学生重新编组，把学生分成一些小组，然后把原来的全班体育教学改为小组体育教学而已。这种简单化的想法常常导致许多教师按照原来的方式进行体育教学，这成为体育合作学习教学模式流于形式的一个主要原因。

（二）合作教学模式的理论依据

人本主义教育思想。以马斯洛为代表的人本主义心理学所主张的教育思想，对当代学校教育产生了广泛的影响。它强调"以人为本""以学生发展为中心"，重视人的个性需要、价值观、情感、动机的满足，从满足主体生存需要的角度来发展学生的潜能。

人本主义教育思想在学科教学中体现的就是主体性教学思想，在教学过程中充分发挥学生主体作用，最大限度地调动学生的自觉性、积极性、创造性。体育是"人"的体育，是人类文化的积淀，也是人类精神的乐园。体育学习是学习者认识自我这个主体尤其是对自我身体运动的认识，主动变革其身心的特殊的认识和实践过程。

学校体育为终身体育奠定基础的体育思想。该思想强调学校体育要为人们的终身体育服务，要为终身体育打好身体、技能和兴趣与习惯等基础，学会自主学习和锻炼，具有自主学习、自主锻炼和自主评价的能力等。认为运动兴趣和习惯是促进学生自主学习体育和终身坚持体育锻炼的基础，体育教学应基于参加者的需要、兴趣等。因此，培养学生的自我体育意识是实现终身体育的核心问题。无论有无他人的协助，一个人或几个人都能主动地诊断自己的学习需求，建立学习目标，确认学习所需要的资源，并评价学习成果，这种方式便是自主学习。

自主—合作学习理念。合作学习，是指在自主学习的基础上，学生在小组或团队中为完成共同的任务，有明确的责任分工的互助性学习，合作可以产生更多的灵感，获取更大的收益，得到更好的体验。体育学习需要自主、合作的学习方式，由于学生存在着身体、技能、兴趣和爱好等的异同，体育教学应给学生更多的自主、合作学习的机会，让学生学会自主地、生动活泼地与同伴合作学练体育，最终达成学习目标。

学生的学习是被教师承包的，教师从备课、上课到布置作业全都是教师根据自己设想的如何教而设计的，设计的思想及动机学生一概不知，学生就是被动观察、模仿、训练或练习，他们慢慢地越来越没有激情，越来越依赖教师，离不开教师。因此，要让学生做自己学习的主人，学会自主合作学练体育，就必须有一种适合自主合作学习的教学模式，使学生把握自己的学习，而不是教师驾驭学生的学习。构建的方法：依据人本主义教育思想、终身体育思想和自主—合作学习理念，我们运用演绎法建构了自主—合作体育教学模式的过程框架，然后通过在高校公共体育课和高中体育课教学中进行试验、修正，逐步完成体育教学模式的构建。

（三）合作体育教学模式运用与检验

1.适用范围与教学原则

（1）适用范围。我们认为自主—合作体育教学模式需要学生具有较强的自我控制和自我管理的能力，根据体育教学要适应学生身心发展规律，我们利用自身教学的有利条件，在高校公共体育课和中学体育课教学中进行了实践，确定了自主—合作体育教学模式最适合的范围是高中生和大学生体育课。

（2）教学原则。教学原则是保证教学效果的基本要求，运用自主—合作体育教学模式除了应遵循一般的体育教学原则外，还应把握以下原则：①自主性原则。教师应尽量设法提高学生学习的自主性。②情感性原则。自主—合作体育教学模式更应重视情感教学，教师富有人情味的教学，可以促使学生更自觉地趋向学习目标。③问题性原则。教学必须带着问题走近学生，问题设计要针对学生的实际，要科学地动用教育学、心理学的理论分析课堂教学的各组成因素。④开放性原则。主要包括三个方面，一是课堂教学形式要有开放性；二是课堂问题设计要有开放性；三是由点到面，由此及彼去解决学习问题。

2. 运用合作体育教学模式应注意的问题

（1）教师要有足够的耐心和勇气。刚开始运用不懂得如何进行自主学习、合作学习，表现出茫然、不知所措，不适应这种教学模式，这是很正常的。教师的耐心就表现在教师要敢于"浪费"时间，以足够的耐心和勇气指导学生逐渐学会自主、合作学练体育。

（2）关注学生已有的经验，重视问题情境的创设。学生的已有经验是影响自主合作学习的重要因素之一。一般来说，上课伊始应创设一些与学生已有经验相近的"问题"或"情境"走近学生，进行一些相对简单的身体活动、思维活动，再把"问题"不断引向深入，促使学生在练习中思考。

（3）精选和改造教材内容，激发学生学习兴趣。如何精选和改造教材内容以激发学生学习兴趣，需要我们任课教师下大功夫去研究。

（4）学会做一个积极的观望者，适时适当地介入学生的活动。自主合作体育教学模式强调的是学生自主学习、合作学习，但"自主"不等于教师不引导，不参与。因此，教师如何做一个积极的"观望者"，适时适当地介入和指导学生的活动，既不能过多地干扰学生的学习过程，又要能在学生需要指导和帮助时发挥作用，这是非常重要的。

3. 合作体育教学模式的意义

首先，"合作学习教学模式"以尊重的教育理念为指导思想，符合现代教学理论的基本要求，其实验研究从时代特征和学生的特点出发，具有一定的现实意义。其次，"合作学习教学模式"有效地利用系统内部的互动，使教学资源得到开发和利用，提高了学生的参与意识。改变以往传统教学中"讲解练习"的教学模式，利用组内成员的互帮互学，可以使学生产生愉快的心理体验，从而养成终身锻炼身体的习惯。"合作学习教学模式"鼓励学生一起去达到目标，增加同学之间的交往，有效利用竞争与合作，培养学生的集体责任感和荣誉感。

三、俱乐部体育教学模式

（一）体育俱乐部教学模式的概念

体育俱乐部教学是由学生自主选择教师，同时根据教学条件开设相应的项目，系统学习该项目的原理与方法、组织与欣赏等方面的知识与能力培养的方法，从而达到真正掌握一至两项终身从事体育锻炼运动项目的一种教学模式。体育俱乐部教学注重培养学生的体育兴趣，提高学生的体育能力，以教学俱乐部这种形式进行教学。这种方式的教学注重知识性和趣味性，理论和实际相结合，发挥学生的主观能动性和创造性，让学生积极参与，使学生在体育锻炼中体验到快乐感、成就感，达到培养学生参加体育锻炼的意识，提高学生运动能力的目的。学校体育俱乐部式教学模式是以培养学生终身体育意识、习惯和能力为主的教学方式，它能够把学校体育与社会体育实现有效地衔接，并最终使高校体育向终身化方向发展。

（二）体育俱乐部教学模式的内涵

体育俱乐部教学是一种符合现代课程理念的新型教学模式，在课程的设置上注重过程结构的稳定性和教学方法的合理性。自 20 世纪 80 年代俱乐部教学思想传入我国，各个高校开始积极探索，并且部分重点学校逐渐开始实践这项新的体育教学模式。进入 21 世纪后，为了促进高校体育教学的改革，教育部还制定了一个纲要性文件进行指导，即《全国普通高等学校体育课程教学指导纲要》强调学校体育课程的实施提倡以俱乐部形式进行，学校应当为学生开设多种俱乐部课程，学生拥有较大的自由选择权，不受年级、系别和班级的限制，完全依照自己的需要和兴趣选择学习项目和授课教师，有的学校甚至不受学习进度的限制来保证学生的体育学习，但所有课程的教学和学习要遵循教和学的一般规律。在课余时间，各个俱乐部可以自行组织学习竞赛等活动，一方面是对体育课教学的补充，另一方面可以丰富大学生的课余生活。体育俱乐部教学注重学生体育兴趣的培养和运动技能的学习，学生在学习过程中占据主体地位，可以充分地发挥自己的主观能动性，学生还可以积极参与教学过程并在教师的指导下更好地学习体育技能；同时这种教学模式注重理论与实际的结合，使学生在体育锻炼过程中，学习到更多的生活常识，使学校教育与社会教育有机地结合起来；体育俱乐部教学更能够使学生在体育学习过程中体验到快乐和成就感，促进他们终身体育意识的形成。

采用高校体育俱乐部教学模式进行教学，首先要从自身的实际条件出发，建立适合自身师资力量、硬件设施、场地需求和满足学生需要的不同运动项目，然后由学生根据自己的兴趣和需求进行自主选择，系统进行体育学习，进而有利于学生掌握一到两项受益终身的运动项目，养成良好的体育习惯。这种教学模式不仅是局限于学校教育的范畴，也是学校体育与大众体育的结合点，在俱乐部学习过程中学生可以提高自身的沟通、自信、社交等许多能力。对于学校来说，一方面可以避免资源的浪费，比如，传统体育教学中许多学生并不喜欢某一项目，课上总是那么几个学生在使用教学资源，而俱乐部教学完全是依据学生的兴趣而来，提高了教学资源的利用率，减少了浪费；另一方面，促进了教师专业能力的提高，因为学生是自主进行教师选择的，如果教师的能力不足，那么他的被选机会就会大大减少，这样可以间接地促进教师不断学习和完善自己。总之，体育俱乐部教学模式的主要功能体现在：一是真正突出了学生的主体地位；二是培养了学生的体育兴趣和运动技能；三是避免了高校体育教学资源的浪费；四是提高了教师的专业水准；五是促进了高校体育竞技水平的提高。

（三）高校体育俱乐部教学模式的特点

1. 参与的自愿性

许多学生喜欢高校体育俱乐部教学模式，他们认为这种教学模式最大限度地尊重其个人发展的意愿和兴趣，在学习过程中的积极性可以得到充分的调动，教学手段和管理较为开放。同时在体育俱乐部教学过程中，同学们还可以获得充分表现自我、施展才华的机会，在体育学习和活动中每位同学都存在维持小群体利益的思想，这样有利于在教学当中保持利益小群体的存在，增强学生学习的积极性和主动性。

2. 目的的多样性

参与的目的多样性是体育俱乐部教学的另一大特征，有的学生喜爱俱乐部教学模式是为了满足自己的兴趣，而且能够进一步提高运动技能；有的是为了缓解日常学习的压力，舒缓身心；有的是为了提高自身的沟通交往能力，还有一部分同学把参加体育俱乐部教学这一学习过程作为提高自身社会适应能力的一个良好机会。总之，体育俱乐部教学模式为每一个同学都提供了锻炼和提升自己的平台。

3.内容的丰富性

各个高校的体育俱乐部教学都设置了诸多项目，比如，足球、篮球、排球、乒乓球、网球、羽毛球、民族传统项目、新兴体育项目等，有的高校甚至根据当地的自然地理环境设置了具有当地特色的项目，比如，攀岩、龙舟等。体育俱乐部是对传统体育教学的一种突破和创新，延伸和丰富了传统的体育教学内容，学生的学习热情和积极性得到最大的激发，因此也更有利于促进和提高学生身心发展水平，促进了高校体育教学改革。

（四）高校体育俱乐部教学模式的优势

1.有助于调动教师的教学积极性，提高其教学水平

体育俱乐部教学模式突破了课时的限制，实行互动、开放的教学，并很好地引进了竞争机制，将学生置于主体地位，学生可以自主选择自己喜欢的体育运动项目和体育教师，使教师在教学中更轻松、授课更生动。如此一来，就会在无形中调动教师教学的积极性，提高其教学水平，达到预想的教学目的。

2.有助于实现体育教学的教学目标

体育是实施德育、智育、美育等的重要前提和基础。体育俱乐部正朝着"快乐化、生活化和终身化"的方向发展着，尊重学生个性的同时向学生传授体育知识，提高他们的体育技能，这正是当前素质教育背景下所积极倡导的。体育俱乐部教学模式的应用更有利于实现高校体育教学的健康、娱乐、生活、竞技等全方位的体育教学目标和教学理念。

3.有助于提高学生的运动技能水平，帮助学生确立健康体育的思想

体育俱乐部教学模式在教给学生体育知识的同时还教给了学生体育运动技能，培养了学生健康运动、终身体育的思想。体育俱乐部是以学生为主体的群体性活动，他们有着共同的爱好和兴趣，通过举办各种体育竞赛和趣味活动，让学生在交流中提高运动技能，拓宽知识面，建立健康体育、终身体育的思想。

4.有利于校园文化的建设

体育俱乐部是一种新型的校园体育文化活动，满足素质教育的要求，也符合当前高校的实际要求，逐步被高校师生所认同，同时也成为高校校园文化的

热点。体育俱乐部的建立无疑给校园文化添上了浓墨重彩的一笔，它将许多兴趣爱好相同的学生融合在一起，集娱乐、健身、竞赛为一体，让高校的体育活动呈现出一派生机勃勃的景象。

5. 激发学生对体育的兴趣，促进其个性发展

体育俱乐部教学模式给学生留下了根据自己的兴趣自由选择体育项目、自由选择体育教师的空间，这在很大程度上激发了学生对体育的兴趣，而且体育俱乐部教学模式也充分体现了素质教育促进学生个性发展的目标，在教学中将选择权交给学生，让学生择其所好、学其所能、展其所长，使学生的品格、智力、需要和自我价值等个性得到充分发展。

（五）高校体育俱乐部模式的实施

1. 加强对学生运动安全的重视，完善急救应对思路

高校体育俱乐部的学生往往缺乏对安全的认识，在运动的过程中不能够辨别危险，所以高校体育俱乐部想要对教学模式进行规范化的建构，体育教师必须要加强对学生运动安全的重视，这既是责任，也是义务。具体地说，高校学生往往比较活泼好动，无论是打篮球还是跑步，抑或是打羽毛球等，都可能会出现运动损伤。由于他们对于力度不能够进行准确的把握，再加上学生们的协调能力有好有坏，所以在参与各类具备一定强度的运动过程中，很容易会出现身体损伤，这是运动风险的一种体现。

如果在教学过程中出现了这种运动风险，高校体育俱乐部教师就必须要及时地对其进行识别，明确学生出现运动损伤的原因以及损伤的基本情况，如果受伤不严重，那么高校体育俱乐部教师就应该教会学生如何正确地参与运动，让他们能够明白自己的一些动作是存在运动风险的，很可能会造成十分严重的后果。而如果受伤较为严重，教师就必须要及时地对其进行处理。总而言之，当高校体育俱乐部教师加强对学生运动安全的重视时，那么学生就会在思想上认识到自身行为所存在的运动风险，进而减少体育运动中出现运动损伤的情况，从而为教学模式的规范化构建打下基础。

2. 营造良好的校园体育氛围

从高校体育俱乐部教学模式规范化构建的基本情况来看，各个高校体育俱乐部的水平普遍不高，之所以如此，主要是因为校园体育氛围缺失。对于学生

来说，良好的校园体育氛围不仅可以对学生进行积极向上的性格培养，更能够对学生自身的积极意识进行激发。对宽松的校园体育氛围进行营造，需要高校体育俱乐部教师对学生一视同仁，教师要学会关注每个学生，尊重每个学生。对于在体育方面表现一般的学生，教师应该对其进行鼓励，及时发现他们的进步，长此以往，学生便会在校园生活的过程中获得愉快的感受，从而为高校体育俱乐部教学模式的规范化构建打下基础。

3. 重视学生主体地位

对高校体育俱乐部教学模式进行规范化构建，需要迎合课程改革的要求，使整体教学过程更加符合教学模式的标准。高校体育俱乐部教学模式的规范化构建，建立在高校体育俱乐部教学模式基本价值取向的基础上，在经过了数十年的发展之后，高校体育俱乐部教学价值取向基本合理，但仍然不完善，这也体现了高校体育俱乐部教学模式规范化构建的必要性。

高校体育俱乐部教学模式主要集中在促进学生体育水平提升、促进学生体育心理形成的方面，但并没有对学生的主体地位进行重视，教师可能认为，自己的一切教学手段都是为了更好地符合高校体育俱乐部教学模式的价值观，这就可能导致学生的主体地位被忽略。对高校体育俱乐部教学模式进行规范化构建，需要在保证学生健康水平的基础上，重视学生的主体地位，了解个体差异，保证学生更好地受益。

高校体育俱乐部教学模式的规范化构建能够对正确的健康观进行确立，保证基本素质教育的价值取向。总而言之，高校体育俱乐部教学模式的规范化构建，能够让高校学生的体育水平得到提高，同时可以对其健康意识进行培养，最终促进其人格的完善，这也使得高校体育俱乐部教学模式的规范化构建具备了必要性。

4. 注重教学模式的实践性

在理论方面，想要规范化构建高校体育俱乐部教学模式，教师就必须要注重教学模式的实践性。在如今的情况下，体育教师必须要扩大教学模式、教学范围，除了在课堂进行教学之外，还应该鼓励学生多多参与课外体育，将课外体育纳入教学模式当中。具体的方法可以给学生下达课外体育学习任务，让他们自主地感受体育，消除对课堂内学习的被动因素，化被动为主动。在实践过程中，教师需要争取做到将校内体育与校外体育相结合，破除把体育教学与体育课堂等同起来的观念，让学生走进体育实践，按照自己的理解，学习体育，掌握体育，领悟体育。

5. 保证教学过程的多样性

在实践方面，想要规范化构建高校体育俱乐部教学模式，教师就必须要保证教学过程的多样性。高校体育俱乐部教学模式的规范化构建，重点在于设立目标，对学生进行引领，让教师与学生都能够在具备多样性因素的教学过程中摆脱分段教学的束缚，提升学生的学习兴趣。如果没有兴趣，一切教育模式、所有教育手段都无法起到作用，而保证教学过程的多样性，恰恰可以解决这一问题。保证教学过程的多样性，要求教师在对高校体育俱乐部教学模式的设计中，更多地对体育教学进行延伸，跨越课堂教学时空观念，以适应不同类型教学的要求。

第三节　高校体育教学模式的发展

一、应用型体育人才培养模式创新实践

（一）应用型体育人才培养的模式

应用型人才培养的主要目标着眼于服务、生产、管理、建设等方面，重视能力、素质、知识的全面发展。应用型人才培养的教育活动与课程设置都是围绕"培养应用型人才"的目标展开的。体育教学作为高校教育教学的重要组成部分，对大学生的身心发展具有重要作用。相较于其他学科，它具有鲜明的实践性和应用性。同时，当前社会经济发展需要大量应用型人才，因此，高校应当结合体育教学的优势特点和社会发展需求，革新体育教学模式，开展丰富多彩的体育教学活动，打破传统体育教学的框架，以学生的个性需求为出发点，切实做到因材施教，充分挖掘学生的体育潜能。此外，还应当根据就业导向及时调整体育教学计划，制定应用型人才培养目标，提升体育专业学生的社会适应能力和就业竞争力。

（二）高校体育应用型人才培养的教学实践策略

1. 提升教师队伍素质

教师是应用型体育人才培养的重要因素，教师队伍素质的高低对应用型

体育人才的培养具有直接影响。因此，若要提升应用型体育人才质量，就必须重视师资力量。应用型人才培养目标要求体育教师打破传统体育教学模式的束缚，广泛调查和了解体育专业学生的学习兴趣、专业基础、实际需求等，并在实际教学中有机融入社会、心理、能力、人文等诸多领域知识，增强体育专业学生的综合能力。此外，应用型人才培养还要求高校体育教师要不断学习，丰富自身的知识储备，扩大自身文化视野，提升自己的组织、管理和设计能力，增强自身的综合素养。同时，高校体育教师还应当与其他学科教师以及教学管理者沟通，了解学生的实际情况，进而寻找合适的教学切入点。此外，高校体育教师还应当与其他高校的体育教师联系，及时了解最新的体育教学信息，以及社会人才需求，进而制定具有针对性的应用型人才培养计划，增强体育教学的计划性和系统性。

2. 完善教学评价体系

若要提高高校体育教学效率，就必须制定切实可行的教学评价制度，对体育专业学生的专业实践和学习成绩进行科学评价。高校可以记录体育专业学生在各个阶段的专业学习和实践成绩，并对其进行综合分析，在研究与思考的基础上，及时调整体育教学计划，并适时将分析结果反馈给学生，促使学生在之后的体育学习中进行自我修正和完善。需要注意的是，高校教师要及时向学生公布每个阶段和环节的量化分值，使学生明确自身的阶段性任务，并有计划地开展体育学习和锻炼。体育教学评价要求教师将过程性与结果性、理论性与实践性有机结合在一起，增强评价体系的科学性和公平性。

3. 采用多样化教学方式

在培养应用型体育人才的过程中，教师应当充分尊重学生的主体地位，全面考虑学生的兴趣、能力、基础和性格特点，从学生的实际情况出发，并结合社会人才需求，制定多样化的教学方式。例如，可以举办体育文化节，以图片展、知识竞赛等形式，帮助学生了解相关的体育心理、知识和技能；在专业之间、学校之间举办体育竞赛，一方面可以激发学生的参与热情，另一方面也能够增强学生的实战能力；可以结合社会实际举办针对体育专业的招聘会，帮助体育专业学生了解当前社会对体育人才的各种要求，以便他们进行针对性学习和锻炼。

4. 丰富实践教学内容

传统的体育教学实践模式过于单一，这不仅不符合当前的社会人才需求，而且不利于激发学生的参与积极性。因此，高校应当丰富体育教学的实践形式和内容，促使体育专业学生主动参与到实践活动中，并在实践中检验和巩固习得知识，将基础理论知识转化为实际操作能力，促使自己逐渐成长为符合当今社会要求的应用型人才。高校不仅要积极开展校内体育实践教学，还应当及时与校外相关企业和单位联系，加强校企合作，为学生提供更多的实习机会和平台。比如，组织体育专业学生到中小学进行体育教学，或到社区进行义务传授体育锻炼技能、在社区开展体育问卷调查等。丰富多样的实践形式一方面能够提高学生的参与兴趣，另一方面也能够多角度提升学生素质。

二、创新型体育人才培养模式的实践途径

（一）高校体育专业教学模式改革是培养创新型体育人才的有效途径

1.采用操作式教学，培养学生的实践能力

现实社会需要的人才，是能干事、会干事尤其是能创造性地干好事的人才。因此，高等教育要面向社会，面向实践，更新教学理念，改进教学方法，培养创新人才。首先，课程设置要适应实践的需要。应当根据形势的变化、实践的发展、社会的需求设计课程，使学生所学为实践所需，学以致用。其次，教材编写要紧扣实践。作为大学教材，既需要有一定的理论深度，又需要紧密联系实际，要有更多有利于培养学生创新能力的内容、实例、方法和经验，使学生通过学习，掌握操作的理论与方法、过程与环节，既知其然，又知其所以然。最后，教师课堂讲解和示范要多方式、多手段、多角度。立足长远，着眼当前，把书本的内容具体、生动、形象地讲清楚，既注重能力培养又注意实际操作，既注重课堂演讲又注重实际示范，既注重理论阐述又注重具体实践。

2.采用开放式教学，培养学生的创新能力

在高校体育专业教学过程中，建立民主、平等、和谐的师生关系，使学生大胆交流，敢于创新。教师是课堂气氛的调节者，在课堂教学中，教师应以平等的态度去热爱、信任、尊重学生，满足学生的发表欲、表现欲，鼓励学生大胆创新。在体育学习过程中，提倡自主学习、自主活动的时间和空间，使学生有机会创新。学生在学习过程中，不受教师"先入为主"的观念制约，有足够的思考时间，享有广阔的思维空间，不时迸发出创新的火花。教师在评价时，实施开放性评价，要树立发展性的评价观，多给予鼓励，诱发学生内在的潜

力，切实让学生体验到成功的快乐，通过激励使学生产生积极的情绪体验，保护其创新的热情。

3. 采用激发式教学，培养学生的探索能力

一是用目标激发。在科技竞争日益激烈的今天，高校培养的学生，必须具有很强的探索创新能力，没有敢于思考、敢于探索、敢于领先的能力，将难以在激烈的竞争中找到立足之地，也难以在科技创新中有所作为。因此，高校体育专业要为学生确立一定的发展目标，按照设计目标的要求，制定具体的措施和办法，多方式、多渠道地加强对学生探索能力的培养。二是用形势激发。当今世界，谁在科技竞争方面占据优势，谁就在经济、科技和综合国力竞争中掌握主动权。因此，学校要充分利用这种形势，教育学生充分认识压力和挑战，不畏艰难，勇往直前，刻苦学习，大胆探索。三是用需求激发。一个国家要在激烈的国际竞争中占有一席之地，就必须拥有大批敢于探索的拔尖创新人才，在各个领域不断探索，只有这样才能促进国家经济的发展和综合国力的提升。因此，高等学校体育院系要教育学生树立强烈的使命感和责任感，树雄心立壮志，为了国家的发展而大胆探索，为民族的振兴而大胆创新。

（二）高校体育专业创新型人才培养的保障措施

1. 加强高校体育师资队伍建设

加强高校体育师资队伍建设，是我国高等教育整体发展战略中的重要组成部分，只有教师具备高素质，才有能力推动创新教育，只有具备创新意识和创新精神的教师，才能适应21世纪的挑战，才能在教学中更好地对学生进行启发式、探究式的教育，培养学生的创新能力。因此，教师自身素质与教学观念决定着教育的质量和教育水平。为适应知识经济的发展要求，高校体育院系亟需一支知识结构合理、学术水平高、适应能力强和乐于奉献的师资队伍。

2. 强化学生创新精神的培养和创新人格的塑造

创新精神是创新活动的前提。一个人如果没有创新精神，就难以开展创新活动。强化创新精神教育，首先，必须强化创新动力观教育，要让学生认识到创新既是民族生存的手段，又是学生个体发展方式的导向，克服甘于守成的思想障碍，培养学生乐于创新的精神。其次，强化创新主体观教育，坚持知难而进、敢于创新的精神。再次，强化创新价值观教育，坚持正确处理个体价值、

群体价值、国家价值的辩证关系，走出单一发展的思想误区，培养学生有效创新的意识。最后，强化创新协同观教育，培养学生合作创新的意识。创新人格是创新人才的情感、意志、理想和信仰等综合内化而形成的一种进取力量。这种进取力量通过自身的主观能动性的发挥，变为富有成效的创新实践活动。因此，在创新人格的培养和塑造过程中，要引导学生在自觉中培养自信，敢于迎接挑战的勇气，坚强的意志和能经受挫折、失败的良好心态。美国心理学家韦克斯勒曾收集了众多诺贝尔奖获得者高校学生时期的智商资料，结果发现，这些诺贝尔奖获得者中大多数不是高智商，而是中等或者是中上等智商，但他们的创新性人格却非常突出，这为他们开展创造性的工作提供了有力的保障。

3. 营造创新型体育人才成长的环境和氛围

创造性来自个人智慧和潜能的自由发挥。因此，要努力建立起一种有利于激发高校体育教育专业学生创造动机，发挥他们创造性才智和潜能的民主、宽松、自由的学习环境；鼓励和倡导学生积极参与各种学术活动和体育教育改革；加强体育教育实践环节，除抓好实验课教学、毕业实习和毕业论文的设计和研究外，还应提倡开放办学，创造条件鼓励学生走出校门，参与社会体育实践活动，如各种体育竞赛的组织和裁判、中小学体育活动辅导和业余训练指导、参加中小学体育教学改革的有关观摩课和研讨课等，使学生在这些活动中，将理论知识与实践结合起来，增强他们的感性认识和对体育实践的敏感性，为将来创造性地开展工作打下基础；同时，要开展创造教育知识的讲座和竞赛，使学生了解和掌握创新的思维和方法，注意培养学生的创新精神和良好的创造品质；大力宣传、表彰具有创造精神的学生，奖励具有创造性的学习和科研成果。

4. 将创新意识和创造能力作为学生考核的重要内容

课程考试、教育实习和毕业论文是高校体育专业学生学业考核的三大组成部分。在课程考试中，要改革以往考核的方式方法，加强考题设计的灵活性，重视对学生比较、分析、综合能力及创造性思维的培养；在教育实习过程中，对学生在教学思路、教学设计、教学方法和教学组织等方面所表现出来的创新思想和创造行为给予充分的肯定和积极的评价；在毕业论文的选题和研究过程中，强调求新、求异、求实的思维方式，提倡不唯上、不唯书、不唯师，勇于开拓和探索的作风。

三、"五重型阶梯式"人才培养模式的体系构建

（一）"五重型阶梯式"人才培养模式教学资源体系的构建

1. 更新人才培养方案，建设特色专业培养方案

这就要求学校要使核心主干课程更加明晰，"多能一专"特征明显，师范性更加突出。新的培养方案一是突出了"多能一专"中的"专"的技能培养，新生一入学就开始进行专修；二是师范性的特征更为明显，增设了教师教育必修课程和选修课程模块；三是注重学生实践能力的培养，教育实习由以前的8周改为16周，大大提高了学生的教学技能；四是实验教学改革特色明显。运用教育学、心理学以及体育教学与训练的基本理论，熟练掌握体育教学的基本方法与手段，培养学生具有良好的教师职业素养和从事体育教学、教学研究的基本能力。了解学校体育改革与发展的动态以及体育科研的发展趋势，使学生掌握基本的科研方法，具有一定的自学能力和体育科研能力。要求学生掌握一门外语，能阅读本专业的外文书刊；掌握计算机的基础知识、应用知识和现代教学手段。主要课程设有田径、体操类、球类、武术、运动解剖学、运动生理学、体育保健学、学校体育学、学校教育学、心理学、德育与班级管理、体育课程与教学论、"三字一话"、教育见习、教育实习等。

2. 依托实验教学平台，构建"立体交叉式"的实验教学改革体系

依托"双基合格实验室"的评估，通过"运动人体科学实验室""体适能与运动康复实验室"的建设等，遵循"自主学习、自我训练、自主设计、自主实施与自主评价"的自主创新原则。树立先进的教育理念，坚持"以人为本"，确定"以实验项目为载体，强化专业特色，重视过程培养、综合训练与自主创新"的改革思路与目标。"以实验项目为牵引，强化课程，重视过程、综合训练与自主创新"，通过集约式整合，多门实验课程进行整合重组，构建"立体交叉式"的实验教学改革体系框架，实现"实验教学、创新教育与实践教育"三个平台及各个环节的相互交融。重视实践教学环节，逐步完善实验课程建设。

3. 依托教育教学实践基地，完善分阶段多形式的教育实践体系

根据体育教育专业学生成长规律，对学生的培养涵盖专业思想教育，从理想教育、教学观摩、模拟实习、教育见习、技能训练、综合实践、教育实习和教育

研习在内的实践教学内容体系，使学生通过系列实践，在大学四年期间每年均有不同的收获。逐步完成"循序渐进、逐步养成、四年阶梯式"的教育实践组织体系，同时建立稳定的教育实习基地，并强化教育实习与专业实践的管理。

4.依托课外实践教学活动，完善全方位立体化素质养成体系

学生的自选实践活动包括专业社团活动（老年人保健协会等）与社会实践（例如，健身、休闲等机构的体育指导员、教练员）和实验室见习等，建立大学生创新研究会、老年人保健协会、青年志愿者协会、健美操健身俱乐部、街舞协会、体育舞蹈协会等学生社团。同时，组织学生到多个地方开展暑期实践活动，使学生逐步提高在实践中发现问题、解决问题的能力，逐渐完善和提高自身的综合素养。

（二）"五重型阶梯式"人才培养模式教学保障体系的完善

1.实施教师能力提升计划，促进教师教学水平

为了加强引领示范，造就一批过硬的教学队伍，坚持以人为本的方针，采取有效措施，鼓励和吸引高水平的教师进入教学队伍，努力优化教学队伍的年龄、知识、学历、职称结构，形成结构层次合理的高素质教学团队。支持年轻教师报考博士研究生，加大对教学人员的培训力度，鼓励继续培训和教育，切实提高教学人员的综合素质和教学能力。同时，在政策和待遇上给予倾斜，造就一支高质量、高水平、结构合理、相对稳定的教学队伍。

2.教学管理制度改革，教学管理队伍专职化

实现网上选课、挂牌上课制度，实现一人多课、一课多人、考教分离，教、学双方互评互查。教学管理部门每天进行教学检查，每月开展比课、查课、示范课、研究课活动，每年进行教学比武。教学大纲、人才培养方案、考试大纲、教案定期检查评比。规范学生本科毕业论文开题与写作，强化教育实习与专业实践管理。综合性、设计性和研究创新性实验的比例达到100%，实验室全部对学生开放。

3.加强教材教学资源开发，建设优质资源

紧跟学科发展前沿，改革教材内容。通过更新、增设专题等方式，将学科前沿知识融入教材与教学过程中，重视培养体育教育师范生的学术性和专业

化。学科专业带头人和骨干教师大多参与了国家和省部教材开发建设，经费资助立项编写与体育专业特色建设配套的教材。

4. 加强精品课程资源建设，推进网络课程开放共享

完善体育教育专业课程体系，夯实师范专业基础。按照专业、专项的结构，完善师范生应具备的基础课程、专业主干课程和模块方向课程，申请省级和校级精品课程。建设网络课程，其中涉及理论学科和技术学科。此外，成立了网络办公室，并购置了近百万的摄像、视频处理等器材，建成了一流的网络共享平台，能及时使各种信息资源达到共享。

第四节　运动教育模式引入高校体育教育的探索

运动教育模式是一种目前在国外比较流行的新型体育教学模式，同时它也是一种课程模式。作为一种新颖的体育教学模式，运动教育模式应用于体育教学实践，对学生的身体、心理、社会性等方面素质的全面发展具有重要的促进作用，是被体育教学实践证明了的科学的、先进的体育教学模式，对于促进体育教学的教育功能发挥、促进师生的协同可持续发展具有重要的意义。在体育教学实践中如何构建科学的运动教育模式以促进体育教学各项工作的顺利开展并实现良好的教学效果是包括一线教师在内的体育教学工作者必须认真考虑的事情，本书就对运动教育模式的基本理论知识、科学构建进行研究与探讨，以使体育教学者对运动教育模式有一个全面、深入的认识，为教育工作者科学设计、组织与开展体育教学提供理论指导和启发。

一、运动教育模式概述

（一）运动教育模式的概念及思想

运动教育模式是指在整个教学周期中把不同的教学单元扩展为不同的运动季，把学习成员划分为若干个实力相当的团队，以竞赛活动为主要载体，充分运用直接教授、同伴教学、合作学习、团队协作和角色扮演等形式，使学生体验并亲自经历到真实而丰富的各种运动情景，把学生培养成为具有一定运动技能、运动热情和运动文化素养的一种教育模式。

运动教育的思想主要来自游戏理论和游戏教育，经历了长达14年之久的

理论探索和研究，终于于 1982 年在澳大利亚首次论述了运动教育模式的理论基础与应用框架，并指出其既是一种课程模式也是一种教学模式。然而，又经过了几年的探索与实验研究，在 1990 年终于出现了运动教育研究的转折点，新西兰奥塔哥大学的实验最终显示运动教育模式能够有效激发学生的参与动机和学习热情，同时对学生运动技能以及人文素养等方面的提高均具有良好的教学效果。西登托普在 1994 年又出版了他的专著，此书汇聚了此类研究的核心内容和成果，为后续的进一步推广与发展奠定了坚实的理论基础。

（二）运动教育模式的理论基础

1. 团队学习理论

1994 年美国倡导教育学者在教育过程中实施固定的小团队原则，研究认为固定的学习小团队在学生学习成绩提高方面有着促进作用。同年，教育学者 Cohen 对小团队学习也进行了研究，Cohen 认为，互帮互助、和谐、稳定的学习团队能产生高效的学习效果，相反，其结构的不完善、团队任务不一致则会产生阻碍学生概念化学习的能力。

西登托普则强调团队协作是运动教育模式中最重要的特征和理论基础的中心概念，团队成员关系也将从运动季开始保持到运动季结束，具有很强的稳定性。综上表明，运动教育模式的团队协作与稳定、和谐的团队成员关系在学生学习成绩提高方面有着积极的促进作用，且具有理论上的科学性。

2. 情景学习理论

情境学习理论 Lave 和 Wenger 在 1991 年基于在一定社会和职业环境中学徒关系的人类学研究基础上发展起来的，它认为学习实质上是一个文化适应与获得特定的实践共同体成员身份的过程。二位学者将情境学习的这种过程称为"合法的边缘性参与"，这是情景学习理论的中心概念，同时他们还针对情景学习理论提出了"实践共同体"的概念，并把它定义为"一群追求共同事业，一起从事着通过协商的实践活动，分享着共同信念和理解的个体的集合"。运动教育模式则以比赛活动为工具，把学生置身于真实而丰富的运动情境之中，学生以固定团队为单位，通过自主学习与合作学习，完成学习任务并实现共同的教学目标。因此，运动教育模式也兼具情景学习的理论优势。

3.社会学习理论和建构主义学习理论

社会学习理论认为，人类的学习是与环境和其他人相互影响的。我们通常是通过模仿他人、倾听他人、与他人交流来获得知识，这是以行为心理学理论为基础的，它特别强调他人在学习过程中的影响；建构主义学习理论则强调学习的过程，尤其是营造一个和谐与民主的环境，允许学生之间以他们已经掌握的知识为基础进行相互的影响。运动教育模式的一个重要特征就是学生在团队建设与合作学习中，通过在真实的运动情境中扮演不同角色，体验不同感受，使其能够相互促进与全面提高。此外，团队协作过程本身就是学生与学生之间相互交流与影响的过程。

（三）运动教育模式的结构特征

1.运动季

运动教育模式形象地把一个教学周期称之为运动季，具体包括练习阶段、季前赛阶段、正规比赛阶段和季后赛阶段。它与传统的体育教学单元存在着不同，运动赛季的时间跨度较传统教学单元要长，一般是传统体育教学单元的2至3倍，原则上不应少于20课时，对它的具体阶段分析如下：

（1）练习阶段。在运动季的开始阶段即练习期，在这一阶段的教学，通常都是教师采用直接指导的教学方法为主，对学生在练习期所涉及的运动技能和理论基础（包括竞赛规则与裁判知识）进行系统的教学与示范演练等。

（2）季前赛阶段。通过第一阶段的练习后，学生初步掌握了相关运动技能的技术要领和基本的理论知识，随后便进入了运动教育模式季前赛阶段。在季前赛阶段，学生则通过合作学习、同伴教学等方法按照既定的学习进度与练习计划进行自主性巩固学习和各团队协作练习，模拟比赛环境进行内部比赛演练以及裁判员、记录员等角色的练习与实践，教师则在旁边适时对其进行指导和纠正。

（3）正规比赛阶段。当教学进入到正规比赛阶段之后，学生的主要学习任务就是按照练习阶段策划的比赛赛程进行正规的比赛活动，各成员扮演不同角色与担当不同责任，为了比赛的顺利进行与获得比赛的胜利而共同努力与协作。在正规比赛阶段，一切都是按照决赛要求进行比赛的，各团队为了获得比赛的胜利，也更加积极与主动地参与团队练习巩固提升专项运动技能，在依据比赛规则的前提下，充分分析比赛对手并具有针对性地制定战略战术。最后，就是安排学生做好相关数据的收集与记录的操作性练习。

（4）季后赛阶段。通过竞赛阶段的练习与比赛之后，成功闯入决赛阶段的小组继续以团队为单位进行季后赛阶段的比赛（季后赛通常采用循环赛，目的是让各团队与成员都尽可能地扮演不同角色、不同程度地参与到季后赛的比赛中），并排列出最终决赛的团队名次。

2. 团体联盟小组

在该模式中一个运动季开始之前会按照一定的要素（具体要素包括：学生的自主选择、运动能力、性别比例、理论知识水平等）综合将学生划分为若干个整体实力相当的团队。在接下来的整个运动季中，学生们则以固定的团队联盟（或分组）来从事学习活动，并一起拟订学习计划制定比赛策略并实施练习，创建小组的特色文化，体验成功与失败，捍卫小组的集体荣誉等。最终，这种团队联盟将有效地促进学生团队意识的形成。

3. 正式竞赛

在运动季的整个教学过程中都是以比赛活动为主线，正式竞赛则是其中最为重要的组成部分，它赋予运动季真正的含义。这种比赛活动将贯穿于各不同练习部分与不同发展阶段中，其比赛形式多种多样，具体包括有分组循环赛、对抗性练习、淘汰赛以及年级联赛等。

4. 角色扮演

在该模式的教学进行中，每一位学生都将充当或扮演着多种且不同的角色，时而为学习者，时而又充当着团队的组织管理角色等，具体角色包括：管理员、运动员、裁判员、记录员、啦啦队员等，这些角色的扮演将有助于发挥学生所长并增强学生对角色定位的认识与理解。

5. 责任分担

该模式有一个明显不同于传统体育教学的特征，那就是团队成员之间的责任分担制，在小组中每个学生都有其不同的责任、发挥着不同的作用，大家都为小组的荣誉而共同努力。通过这种责任分担制，一方面能够有效增进学生与学生之间的沟通与交流，有助于联络学生间的感情和提高心理品质，另一方面则能够极大培养学生独立担当的能力并增强其集体主义荣誉感。

6. 最终决赛

运动季的完成将以最终决赛的完成而正式结束，然而，该模式的决赛中具备正式的比赛计划和团队分组联盟，这也是区别于传统教学单元中的决赛。运动比赛的实质就是竞争，通过了前期不同竞赛阶段的比赛和专项运动技能的巩固与提高，决赛阶段将提供一次更具观赏性、竞争性以及充满战术谋略的竞赛机会。通过最终决赛的进行，它将有益于强化运动季的重要性并赋予整个运动季丰富的内涵，强调学生的全面参与性与欢庆气氛的营造，让学生能够体验到最终胜利的喜悦和接受比赛失利的坦然，与此同时，积极引导学生认识决赛的快乐层面应超过竞争层面。

7. 记录成绩

在运动季的整个比赛阶段中，对竞赛中的各种技术参数进行记录与保存，当然，这些记录的形式是多种多样的，如比赛时间、地点、人物、获胜场次、总得分以及最终排名等。这些记录将为学生个人或团队提供充足的信息反馈，能够发挥激励与鞭策的效果，甚至在一定程度上还能够提升学生的学习经验并丰富学习过程，为以后的比赛提供经验参考。

8. 活动庆祝

在该模式中，学生与老师将通过各种形式与方法营造出一系列具有教育意义的庆祝活动，在这些活动庆祝中，将对比赛的习俗性与程序性进行重点突出与强化，给予优秀团队与突出个人进行鼓励与表彰。最后，邀请嘉宾出席颁奖仪式以及拍摄影视资料等，这些庆祝活动一般都具有多重教育内涵，不仅能够激发参与者的运动热情，而且还能提高参与者的运动文化素养。

（四）运动教育模式的目标

通过运用运动教育模式的教学，使学生在较为真实而丰富的运动情境中得到充分体验与发展，最终把学生培养成为具有良好运动技能、高度运动热情以及良好的运动文化素养的人。

1. 培养具有良好运动技能的人

该模式的首要目标就是培养出具有良好专项运动技能的人，具体指能够熟练掌握与应用专项运动技术，拥有参与多种比赛的运动技能，能领会运动技战术的合理运用，以及针对较为复杂的运动情境提出解决对策且具有扎实而丰富的运动专业知识。

2. 培养有高度运动热情的人

该模式试图把学生培养成为一个具有高度运动热情的人，具体指受过运动教育的人不仅应该积极参与和学习不同地区、不同民族的运动文化，运用不同的视角去了解某项运动，提高其运动文化水平，让运动成为他们日常生活中不可分割的一部分，而且他们还应该积极地继承、传播、创新和发展各种运动文化，表现出极大的运动热情，把运动参与内化成动力，并养成终生体育锻炼的习惯。

3. 培养具有良好运动文化素养的人

运动文化和人文素养的教育自始至终贯穿于整个运动教育模式的教学之中。具有良好运动文化素养的人则应更多地理解和尊重运动规则、礼仪及民族传统习俗，对于不同种类、不同形式、不同地区的运动文化都应通过直接或间接的方式参与到其中，且具备一定的认知辨识和观赏能力。

（五）运动教育模式的主要教法

西登托普在该模式的教学实施中，针对运动季不同阶段的教学有选择性地采用了直接指导、合作学习和伙伴学习三种不同的教学模式，将其综合运用融为一体。通过采用超大单元教学，为学生运动技能的学习、战略战术的运用以及团队管理等各个方面提供一个真实的、丰富的且多维立体的情感体验，形成一套具有独特效果的教学方法，从而增加学生的合作精神和责任担当。

1. 直接指导法

直接指导的教学方法在运动季的开始阶段，即练习阶段与季前赛阶段的前期，是教学最主要的手段。教师通过直接面对学生进行教学内容的讲解与示范，使学生快速形成动作技能的抽象意识与形象概念，并伴随着练习逐渐掌握该专项技能的各技术要领，以及学会不同角色扮演及其职责履行，这基本等同于传统教学方法中的教师辅导学生学习与教授教学内容。

2. 合作学习法

为实现团队目标，队长及各成员则会共同协商并制定计划与责任分担，自然团队的共同合作与学习就显得尤为重要，营造出一个民主、和谐的合作学习氛围，避免和解决分歧意见的发生，更不允许任何人有绝对权威的出现，一切都是在合作学习中成长与进步。

3. 同伴教学法

经过团队的建设与发展，各成员已经认识到团队要想获取比赛的胜利，必须提高小组的整体运动水平，因此，高水平的学生则需要帮助技术水平相对较低的学生一起学习与进步，大家团结一致共同努力，方能在季后赛中获得最终决赛的胜利。

上述教学方法在整个运动季的教学过程中，随着阶段的不同，教学方法运用的比例也随之有相应的调整与改变，具体指：在教学前期即练习阶段与竞赛阶段的前期，教师的直接指导教学方法占据着主导地位，而在教学的中后期即竞赛阶段的后期与季后赛阶段，又调整运用以合作学习和同伴教学的教学方式为主。

二、我国高校体育引入运动教育模式的必要性和可行性

（一）引入的必要性

对运动教育模式进行分析后发现，该模式与我国高校体育教育思想和教学理念具有较大的一致性，基于这一背景，其较强的可操作性更易于实现教学目标，以此将为我国高校体育专业教学模式的改革提供启发与借鉴。

1. 操作程序化

运动教育模式的特点就是将教学目标合理设置到具体教学实践过程中，具有较强的可操作性。在其教学过程中，学生既是学习者又充当着组织管理角色，通过探索与发现，同伴之间相互沟通与交流以及自主学习等共同完成所教授的学习任务。教师在这一阶段中主要进行引导教学、辅助练习和纠正错误，适时充当着教练员的角色。我国体育教学改革的目标主要包括运动技能、运动参与、心理健康、身体健康以及社会适应五个方面。其中教师最难把控的就是运动参与和社会适应两个目标，基于我国当下的实际情况，多元化的运动教学模式或许能为我们提供一些新的改革方向和教学启示。

2. 目标多元化

运动教育模式的教学基础是运动技能的学习与掌握，教学目标的多元化更

是其特色之所在，运动教育模式在实施教学过程中要求每一位学生都有自己所充当的角色，并担当其角色所赋予的职责和任务。这些角色具体包括有组织管理员、运动员、教练员、裁判员、统计员、宣传员以及发令员、记时员、啦啦队员等多种角色。组织管理员则要求组织和统筹协调管理整个比赛活动的有序进行；运动员则要求学生不畏艰苦、勤奋努力、认真学习和掌握运动技战术；教练员则要求部署比赛战略战术及选派队员出场顺序与位置；裁判员则要求熟悉竞赛规则，熟练比赛执裁，保障比赛的顺利进行；其他角色也都有与其相对应的职责和任务。与此同时，在运动教育模式的这种目标多元化教学过程中，每一位学生在体验所充当的角色时，可以适当进行角色的互换，从而调动学生积极参与的热情，培养学生的学习兴趣，发挥学生学习的积极性，使其技术水平在比赛活动中得到进一步的巩固与提升。

3. 知识系统化

传统教育模式在教学过程中强调对体育专业学生运动技能的学习和掌握，对裁判、战术运用、比赛礼仪和体育文化等知识的教授不足，一般是在理论课程中穿插介绍，缺乏系统教学与实践操作的机会。因此，学生对所学专项运动的全面知识了解甚少，且未能在实践中得到运用和提升。运动教育模式具备一套完整的理论体系，通过整个运动季的教学比赛活动，他们得以学习更为系统而全面的运动知识。在运动技能学习与掌握的同时，引导学生对裁判员、教练员、记录员等不同角色的扮演，使他们更为深刻地学习裁判知识、竞赛规则、比赛技战术的制定及运用，让学生能在比赛中学会尊重运动规则、运动礼仪以及运动的传统习惯。这使得他们能够辨别运动行为的善恶，将来无论是参与比赛还是作为球迷、观众都能够成为有运动素养的人，进而更为系统地掌握专项运动技能的知识。

4. 社会适应启示化

在运动教育模式中，从运动季的开始到比赛的结束，整个教学过程都是以团队为单位进行比赛活动的方式来进行学习，且在团队中可扮演不同角色，担任不同职责，成员之间相互帮助与合作学习，使各成员均有所提高。据权威资料显示：担当角色的扮演将有利于提高学生的学习效率和社会适应能力。在整个教学周期中，实际上也就是学生对社会角色的一个正迁移，在学习中潜移默化地培养了学生对社会角色的体验和认识，并且在团队中锻炼了学生彼此交流与沟通的能力，提升了组织协调管理能力等，这也将有利于增加团队成员的归属感和荣誉感。现阶段在我国学校体育教学体系中，值得尝试通过角色体验的教学形式来达到社会适应目标的实现。

5. 教育人文化

运动教育模式在体育教学中给予学生直观而真实的运动情景，为把学生培养成为有运动能力、有运动热情和有运动文化素养的人。在实践教学中，营造出一系列具有文化教育意义的庆祝活动，通过文化素养的教学和实践的操作让学生增强对运动礼仪、传统习惯的学习并强化文化意识，从而更好地理解和领会当代教育所赋予的含义，为我国高校体育教学提供新的学习视角。

（二）引入的可行性

1. 运动参与

在高校体育教学过程中，运动的参与是不可或缺的重要部分，同时也是体育专业学生发展运动技能，增强学生体质，增进学生健康和养成良好的运动锻炼习惯的重要途径。对此，在具体实践教学过程中，教师应高度重视学生积极参与活动并引导学生投入到真实而丰富的运动情境中，从而提高学校体育教学的学生参与度并享受运动参与所带来的快乐与成功的体验，"人人参与""健康第一"的教学理念及原则正是运动教育模式所倡导的。运动教育模式在具体教学中强调针对不同水平的学生设置与之相适应的教学内容及活动比赛，使学生全面参与到体育教学中，通过扮演不同角色，体验不同角色所赋予的责任与义务，最终让每一位学生都能体验到运动的乐趣并得到不同水平的提高与发展，培养其运动热情，养成锻炼习惯。

2. 运动技能的发展

高校体育教学目标的实现是以运动技能的掌握为衡量标准，体育教学区别于其他文化课程教学的重要特征就是运动技能。体育课程教学是以体育锻炼和运动技能的掌握为主要手段，如果没有运动技能的学习，体育课程教学将失去它的教育价值。我国高校体育专业在终身体育意识的培养方面也渐行渐远。运动教育模式则通过比赛游戏贯穿于整个体育教学过程中，且注重培养同学间的互帮互助，以赛带练，引导学生担当体育组织管理者及裁判员等角色，从而更加全面地学习与成长，培养其良好的运动热情和终身体育意识。最终，实现学生运动技能水平的提高、体质的增强以及终身体育意识的培养。

3. 健康心理的需要

我国传统的体育教学在受凯洛夫教育理论的影响下，片面强调运动技能和发展学生体质为目标，忽略了学生心理健康目标；片面地强调传统体育运动的认知和身体联系的过程，忽略了学生的兴趣爱好和情感需要。体育教学不仅有助于增强体质，而且在心理健康方面有着积极的作用，这已是体育教育界不争的共识。运动教育模式在体育教学过程中就非常注重学生个性化培养与发展，重视学生的心理健康与情感需要。

4. 社会适应能力的提高

体育教学活动因其自身的特殊性，它既是一种身体活动、社会活动，也是一种心理活动，不仅能增强体质，增进健康，而且对社会适应和心理健康方面都有积极的作用。社会适应能力的高低也被视为评判一个人身体健康与否的重要标志之一，对此，可以选择通过体育锻炼来逐渐增强社会适应能力。

三、引入运动教育模式的重新构建

（一）理论基础的构建

1. 哲学基础

哲学观认为，一切的客观事物都是运动、变化和发展的，存在着普遍性联系，并伴随着运动发展的规律。因此，在高校体育专业学生教学中借鉴运动教育模式时，也要运用唯物辩证法的观点对其进行对立统一的分析，挖掘其优势特点，摒弃其不足之处，并结合我国的体育教育理念和高校体育专业学生教学的具体特点进行合理的引入与借鉴。

2. 系统论基础

系统理论的原理认为，任何事物的发展过程都是密切联系和有序排列组成合乎规律的有机统一整体。任何系统想要实现整体功能的进一步优化，必须通过结构与各要素之间的优化递进方能逐步实现，因为一个完整的系统是由各组成要素按照一定方式联系而成的整体，其最大的特点就是整体功能大于各部分功能之和。依据系统论原理与体育教学特征，将其教学结构可以划分为五个层次，具体分为：体育教学指导思想、教学方法体系、教学过程结构、教学程序以及完成最终的教学目标。

3. 教育学基础

教育学原理是教育学中的基础学科，为研究各级各类学科教育提供思想方法和理论观点，它广泛存在于人类生活之中，具有一定的稳定性与客观性，是教育、社会、人与教育各内部因素之间本质的联系和必然的关系。当代的教育是以人本主义为理念核心，体现以人为本的价值取向，其教学目的是发展个性化教育，挖掘学生潜质，调动学生积极性，注重因材施教，强调学生自主学习和自我价值的实现，建立良好的师生、生生关系并营造出民主、和谐的教学气氛。

当今，以杜威实用主义哲学为基础的进步主义教育理论对于我国高校体育传统教学产生了较大冲击与影响，强调以课堂、学生及自主学习为主要教学特征。运动教育模式则以情感需要为基础，给予学生足够的活动空间，调动学生的自主性学习，充分发挥参与积极性，注重增强体质，提高技能水平，发展心理品质以及培养社会适应能力，让学生得到不同程度的成长与协调发展。因此，在对该模式进行重新构建之际，应注重以人本主义教育观为其理论基础，对原有的内涵进行修正和扩展延伸。

4. 心理学基础

在我国高校体育教育研究理论中，基于心理学为基础的研究自然也是必不可少，在体育教学的目标、内容、过程以及评价的制定与应用中无不以心理学为研究基础。与此同时，在引入运动教育模式之际，也有必要对其从心理学角度进行辩证的分析与审视。

从心理学角度对"兴趣是最好的老师"进行分析表明：人们对自己感兴趣的事物会产生强烈的求知欲，并积极主动在求知的基础上进行实践与探索。在高校体育专业学生教学中，培养学习的动机，也就是将学校给予学生的学习任务，转化为学生的个人行为要求，从而激发学习动机，培养学生学习的积极性，寻求主动参与体育锻炼。从中不难看出，学生如果从感兴趣的体育教学过程中体验到了从心理和情绪上的愉悦感，这将有利于形成稳定的心理倾向，并逐渐转化为习惯，并且为终身体育意识的建立奠定坚实的心理基础。运动教育模式在整个教学过程中结合游戏与比赛的形式，强调学生的主体地位，呈现给学生一种具有趣味性、丰富性和体验式的教学活动，通过改良后的弱竞技性的运行项目以使学生能够体验到成功的喜悦和自豪感，进而锻炼了组织能力，提高了创新能力和增强了自信心，更坚定了高校体育专业学生学习的信心和培养了自主参与锻炼的运动习惯。

（二）教学目标的构建

运动教育模式与我国国情存在着一定的差异性，在引入或借鉴国外优秀的教学模式时，必须结合我国的国情和高校体育专业学生教学的具体特点对其教学目标进行新一轮的重新构建，具体归纳如下：

1. 运动参与目标

运动教育模式通过体育游戏和比赛活动的教学，能充分调动学生学习的兴趣和参与的积极性，体验并享受运动教育的乐趣，从而培养学生参与体育运动的热情和终身体育锻炼的意识，养成自觉参与锻炼的习惯。

2. 运动知识与技能目标

通过大单元的课程教学和不同周期的运动安排，学生拥有充足的课时来学习运动的理论知识，巩固提升专项运动技能，并能够熟练地掌握和运用运动技战术，积累丰富的比赛经验。通过对学生进行体育文化知识的教授，使其更为深刻地理解运动文化，尊重竞赛规则和比赛礼仪。通过团队的合作和同伴学习，共同制定学习计划与练习内容，从而培养学生的策划组织能力、沟通能力以及良好的团队合作意识。通过体验真实而丰富的运动情境以及感受运动文化的氛围，使其学会如何欣赏体育运动比赛并能读懂运动技战术在比赛中的运用。

3. 身体素质目标

通过整个运动季不同阶段的比赛活动，使学生在身体力量、速度、耐力、灵敏与柔韧性等方面都有所锻炼，从而增加学生体质，增进学生健康，强健学生体魄并提高学生的综合身体素质，这也是学校体育教学的基本目标。

4. 心理健康目标

通过学生的自主学习和同伴学习，使其在真实而丰富的运动情境中，体验运动所赋予的乐趣和成功的感觉，并能选择适合自己的方法与途径进行自我身心调节和情绪的转变，从而改善心理状态，克服不良心理，养成积极乐观的生活态度。

5. 社会适应目标

通过竞赛活动，公平比赛的教学，使学生能够正确地看待比赛的胜败，培养其竞争意识，同时也认识到比赛中既有竞争也有合作，以此形成良好的体育道德观。通过比赛的记录与总结分析，为学生的进一步学习积累经验，从而提高学生分析问题和解决困难的能力，更好地适应社会。

通过运动季中不同角色的扮演，增强学生学习的存在感和自身价值的体现，同时使学生更具有责任感，增强学生的自信心，从而提高学生的社会适应能力。综上所述，运动教育模式在不同的教学阶段都有其特定的教学内容和与之相适应的教学目标，这些教学目标在实际教学过程中又是相互联系、相互影响且不可分割开来的，只有从整体上才能推进运动参与、身体素质、运动知识与技能、心理健康以及社会适应目标的实现。

（三）教学程序的构建

运动教育模式形象地把整个教学单元设计成为一个运动季，教学程序以运动季为周期进行系统的教学，从而取代了传统的体育教学单元。西登托普认为一个运动季应该完整地包括练习期、季前赛期、正式比赛期和季后赛期，且每个特定的时期又有其相对稳定的教学内容组成。根据文献资料及高校体育教学的特点，我将运动季重新划分为"练习阶段""竞赛阶段"和"决赛阶段"三个组成部分。

1. 练习阶段

练习阶段也可以理解为运动季的开始部分，其主要任务是做一些准备性的教学，具体包括：教师对学生进行能力评估和团队分组建设（队名、口号、队标及团队文化）；学生自荐和教师指导各队成员角色分配与职责划分；教师介绍和安排整个运动季的教学内容及目标任务（运动技能的掌握、理论知识的学习以及专项运动的相关裁判与文化学习等）；最后，教师采用直接教授法（练习阶段为主）进行学习的方法与内容的教学，然后督促学生根据整个运动季的竞赛计划进行自主性学习和同伴合作练习，教师适时给予指导与纠正错误。

2. 竞赛阶段

竞赛阶段也可以称为运动季的主体部分，其主要任务包括：教师对运动技能理论、技战术及裁判应用等内容的教授，并指导学生进行练习；进行正式比赛前的巩固性练习和正式比赛，提升学生的专项运动技能；学生多重角色（运动员、教练员、裁判员、记录员、啦啦队员等）的扮演及战略战术的策划与实施，培养其具体实践操作能力和比赛观赏能力；最后，巩固专项运动技能的掌握和竞赛战略战术的运用以及积累比赛经验，为最终的决赛做全方位的积极准备。

3. 决赛阶段

决赛阶段是运动季的结束部分，其主要任务具体包括：对于比赛活动进行最终的总决赛，以此来结束整个运动季的教学，自我总结与反思以及交流比赛经验，为进一步的提高做经验积累；最终比赛需要营造出欢庆、轻松、和谐的节日氛围与全体成员共同参与和感受运动文化，邀请相关领导进行颁奖庆祝并合影留念。

（四）教学条件的构建

既能完成学科教学所设定的目标，同时又能为教学效果发挥其辅助性的作用，这就是模式教学中的教学条件。对于运动教育模式的教学条件将从教师主导、学生主体、教学课时以及教学环境方面进行分析和重新构建。

1. 教师主导

教师在运动教育模式中占据着主导的地位，而绝非定义为传统体育教学模式中教师为主体的概念，在运动教学周期中，教师是整个教学过程的引导者并扮演着教学内容的策划与设计者。运动教育模式的教学特点要求从事教学者（即教师）具备运动教育模式一定的理论知识、专项运动技能、裁判以及运动文化的掌握，以备在实践教学过程中能更准确地、全面地阐述教学内容，帮助学生理解和执行角色任务。教师在具体教学的不同阶段，扮演着不同的角色，在运动季的练习阶段，更多扮演着教师的本色，引导和启发学生学习，然而当进入到竞赛与决赛阶段，教师则充当着教练员的角色，鞭策学生发挥自主性学习和运动技战术的实战运用与执行。所以，影响教学效果与质量的关键就在于教师能否准确理解和把握运动教育模式的内涵以及教师自身的教学能力和经验的积累。

2. 学生主体

运动教育模式倡导以学生为主体，教师为主导的教学模式，强调学生在学习过程中发展自主性学习。在教学过程中，学生通过自主性、独立性的探索与实践，增强了学习积极性，激发了学生主观能动性；学生同时扮演着多重角色的转换，时而学习者，时而决策者；团队成员间也相互交流与合作，共同制定学习计划和练习方案，增强学生与学生、学生与团队间的情感交流，培养团队意识和集体主义精神，进而获得自身的发展，提高团队协作能力，共同完成学习内容和教学目标。因此，运用这种教学模式要求学生具备一定的自觉性、合作性、自我管理能力以及对所教授的运动项目有一个基本的了解与学习。

3. 教学课时

专项运动技能的熟练掌握和教学目标的实现都要建立在充足的教学课时基础上，而运动教育模式具有大单元、多课时（原则上应不少于20课时）的特点，为学生在专项运动技能的熟练掌握与巩固提升提供充足时间保障，符合高校体育专业学生教学的学期学时的设计与课程安排。

4. 教学环境

教学环境原本是一个由多种不同要素组成的复杂系统，而本书中所指的教学环境将它界定为：影响班级教学的相关因素与条件，具体包括硬件设施、学习氛围和师生关系等。

（1）硬件设施。在运动季教学周期中，经常会安排团队进行分组练习和比赛活动，因此，这就对运动教学中的硬件设施和场地器材提出相应的要求，以满足其正常的教学开展以及课余时间学生自主练习的设施保障，同时也促进与激发校园教学资源的合理开发与利用。

（2）学习氛围。运动教育模式倡导一种民主、和谐的学习氛围，教师在教学过程中应建立良好的教学作风，为学生树立学习的榜样与楷模；学生之间也应互帮互助，团结友爱，运动技能掌握好的带动相对不足的学生一起学习，以达到共同进步；团队之间也更应该积极沟通，相互交流，使学生具有良好团队意识和合作精神。

（3）师生关系。在运动教育模式中强调学生的主体地位和教师的辅助角色，并形成和谐互助的关系，倡导教师在教学内容的进行中，逐渐将教学主导权下放给学生，通过学生自主性学习和同伴合作学习，共同完成教学目标。在这期间，学生既是学习者，又是组织管理者等角色，教师则在重、难点时给予指导与错误纠正，最终师生在和谐、愉悦的氛围中共同完成学习内容并实现教学目标。

（五）教学评价的构建

教学评价是指在一定时间阶段范围内，对学生整体的学习状态给予一个真实性综合评价。运动教育模式则注重对学生的学习行为与学习态度、专项技能掌握的熟练程度、运动技战术实践运用以及团队间协作精神等的综合性评价。运动教育模式在对学生进行学习评价时，首先，应从教师角度对学生的参与积极性、运动水平和学习态度等进行诊断性评价；其次，从学生学习的专项技能、运动技战术和自主性学习等进行形成性评价；最后，以团队的合作意识和集体荣誉感为出发点对其进行终结性评价。因此，在不同阶段，面对不同对象时，应采用个性化的评价方式对其学生进行有效的综合性评价。

四、应用运动教育模式的注意事项

（一）重视课堂常规的建立

运动教育模式在开展教学实践的初期，为保障中、后期的课堂管理和教学质量的把控，建立和形成良好的课堂规则与民主、和谐的学习氛围，具有十分重要的必要性。课堂常规通常包括：了解班级学生组成的基本情况（性别比例、生源地域性、班级积极分子以及有无特殊学生等）；向学生介绍该模式，让大家认识与了解其指导思想、教学目标、教学特点以及相关责任与义务等；发放诊断性问卷，收集教学分组所需参考数据并整理存档。这一阶段的主要任务就是向学生介绍该模式具有游戏性、比赛性和自主性的教学特点，从而预先调动学生的参与积极性与运动兴趣，端正学习的行为态度，共同营造出适合教学的运动文化氛围，积极准备迎接即将到来的正式教学周期与比赛赛季。

（二）科学分组，团队建设

分组合作是运动教育模式开展教学的一个基础条件，同时也是后续教学能够顺利进行的重要环节。在一个运动教学周期的开始之前，科学的分组是前提，团队文化的建设是保障，只有通过合理的分组和团队文化的建立，才能将学生合理分成若干个总体实力相当的团队，才能培养学生组织管理、交流合作、团队协作的能力以及促进教学目标的实现。对此，归纳总结出三种较为科学与合理的分组方案：一是采用异质分组原则，根据前期测试数据为依据，按照性别比例、运动水平高低等因素合理搭配组建学习小组，从而人为地控制与缩小各小组之间的水平差异。二是教师选拔或学生自荐组成学生代表小组（参考指标：男、女代表，运动水平高低代表，课堂积极分子代表等）与教师共同讨论分组，既能体现分组的民主性，又能做到相对均衡与合理的分组。三是根据体育统计学原理，首先在班级内进行随机分组，分组后允许学生在以均衡分组为原则的基础上进行适当的调整，教师在综合考量后确定最终的团队分组。科学分组后，各成员就以团队为单位，自主设计与制作队名、队服、队歌、队旗以及口号等，建立团队文化。但需要注意的是，学生一旦确定分组后，在接下来整个运动季的教学过程中他都将属于这个团队，从而促进培养其团队意识和集体主义观念的形成。

（三）合理划分学时比例

运动教育模式在教学实践中，把一个教学周期定义为一个运动季，根据不同运动专项的项目特点（项目竞技性的比重、技术难易度以及文化因素等）进行合理划分运动季各不同阶段的教学学时比例。对此，强调两个要点：第一，在运动教育模式中的教学学时比例并不是完全固定与不可变动的。第二，根据不同运动专项特点，进行量身划分教学学时比例，可进行弹性的调整。对于运动技术复杂、动作难度大，以及战术要求高的专项运动，则建议适当延长教学学习的练习阶段，划分相对较多一点的教学学时，为学生更好地学习与掌握运动技战术提供充足的时间保障；反之，则适当削减练习阶段的时长，让竞赛阶段拥有更为充足的教学学时进行运动技能的巩固演练和技战术的实战运用，积累实战经验，为决赛阶段打下坚实的基础。

（四）竞赛激烈程度的合理掌控

在运动季的竞赛阶段对于激励程度的把控，应根据教学对象的年龄阶段、生理状况以及心理特点等具体情况进行合理的划分，若划分的不合理，就会对教学对象的参与积极性与自信心产生消极的影响，情况严重者，甚至可能产生抵触情绪或放弃学习的行为。因此，在运用运动教育模式教学实践时，必须认识到竞赛设置的用意是为了刺激学生参与比赛活动的积极性和提供一个真实的运动情境实践，所以，对于竞赛激励程度的合理掌控具体十分重要的作用与意义。

（五）适用项目的选择性

运动教育模式的适用项目在理论上具有一定的普遍性，由于该模式更多的倡导学生自主性学习和合作性学习，因而，对于一些危险系数相对比较大的运动项目（攀岩、潜水等极限运动）、相对独立且闭塞的个人运动项目（传统武术套路、有氧瑜伽等）以及对场地设施要求比较苛刻且不易于在课外进行练习与比赛的运动项目（击剑、射击等），均不适合运用该模式从事有效的教学。对于一些比较特殊的体育运动项目则建议一定要选择专业性强且操作经验丰富的专门性人才或教师进行相关内容的教学与指导。

第五章　高校课外体育教育管理的创新

第一节　高校课外体育活动的任务与管理

一、高校课外体育概述

（一）高校课外体育的形态及特点

1.休息、锻炼、娱乐交融的课间活动

课间活动一般包括在两节课间利用10分钟进行的学生自由活动。通过课间活动，可使学生在紧张的坐姿学习后，身体各部分得到舒展和活动，以调节身体姿势，消除局部疲劳，促进血液循环，调节精神，提高学习效率。课间操一般采用以班级为单位进行活动的形式，也可采用集体进行或学生自由进行活动的方式。课间活动一般在室外进行，能呼吸新鲜空气并接受阳光的照射，有利于身心的健康发展。每节课间的10分钟休息，虽未规定要组织体育锻炼，但一般高校可根据实际情况，在场地器材的安排上可集体与分散相结合，在内容上以锻炼、娱乐为主要形式，可开展徒手体操，如2分钟的简易广播操、眼保健操、素质操等，也可开展慢跑和轻松的游戏活动。这样，学生在课间活动中，精神上也处于"放松"状态，使学生身心都得到调整。时间较长的课间活动，近些年也被称为"大课间"。大课间将原有的课间操时间进行调整，一般为30分钟左右，其活动内容较为广泛。通常以广播体操为主，也可根据高校和学生的实际情况，进行校园集体舞、耐力跑、跳绳、踢毽、球类等活动，或高校自行开发的形体操、健美操、韵律操、武术操，以及一些新兴运动项目，如跆拳道、搏击操。这些项目的引入，给大课间活动注入了新的活力。有些高校根据自己的特色，在乡土体育上做文章，开发当地富有特色的乡土体育项目作为大课间的主要内容。随着阳光体育运动的深入开展，各地高校借大课间活动这一平台，创设高校体育特色，开辟运动健身角或快乐体育园地，大大丰富了活动内容和锻炼手段，有效提高全员参与水平。但是，大课间活动在开展过程中也遇到一些问题，如场地、器材不够，指导教师缺乏，活动内容有待进一步

开发等。这些需要我们在实践中深入探索，同时加大运动场地设施的建设，提供足够的运动器材。

2. 锻炼、教育和教学共在的课活时间

课外体育活动是高校在没有体育课的当天要安排一节课外体育活动课，确保学生每天 1 小时的锻炼时间。课外体育活动可以采取集中与分散相结合、规定与自愿相结合、班级与个人相结合的组织形式，在体育教师或班主任的指导下，在班干部或小组长的带领下进行体育活动。

课外体育活动课在整个高校体育中具有举足轻重的地位。据计算，学生每周在课内锻炼时间累计不超过三个小时，这远远不能满足锻炼时间的需要，再加上有些客观因素的影响，体育课不能保障如期进行，更加缩短了学习时间。因此，课外体育活动承担了拓展和延伸体育课的学习任务，学生在课堂内学习到的运动技术，可以在课外活动中得到巩固和提高，同时获得成功的运用体验，以增强下次的学习动机和兴趣。体育教师在课外活动中的角色是巡回指导和技术顾问，主要解决技术问题，起到点拨和指导作用。课外活动还有一个主要目的是增强学生体质，因此，有些高校通常将课外活动分成两个部分，一部分是以提高学生身体素质为主的锻炼内容，如耐力跑、上下肢力量练习等，这是提升学生整体体质的有效手段，班主任和任课教师的组织监督成为活动质量的中坚力量，体育教师只起到整体统筹、规划和监督作用；另一部分是自由锻炼时间，按照班级定场地、定内容、定器材，由班主任组织管理学生进行有序锻炼，体育教师巡回指导，高校领导参与监督检查，以提高活动质量和效果。

课外体育活动的主要问题还是高校场地、器材科学合理的划分和利用，以及及时、准确的指导和监督评价机制的建立。

3. 班级、年级的体育联赛

班级、年级体育比赛是一种有效促进高校体育发展的手段，它不仅能提高学生参与锻炼的积极性，对体育教学和课外活动是一种很好的促进和检验，同时，能在潜意识中培养学生集体主义精神和团队荣誉感。一般基层高校大型的体育赛事是春、秋季节的田径运动会，定期举行小型班际联赛，有的高校每月一次小型比赛，如拔河、跳绳、篮球、排球、广播操、趣味运动会等，还可以根据高校特色组织特色项目的比赛，多以体育节、文化艺术节等活动为载体提高学生的参与意识，做到全员发动，人人参与。这些小型比赛有效地推动课外活动的开展，特别是班主任参与课外体育活动的积极性，利用课外活动的时间锻炼学生，组织比赛，提升班级的凝聚力。这些比赛往往也利用课外活动的时间，以赛带练，以赛促练，既丰富了课外体育活动的内容和形式，也能逐渐形成高校的体育锻炼氛围，形成一种特有的运动文化。

4. 活动课和专长教育结合的运动俱乐部

校园内的运动俱乐部是近年来出现的课外体育活动组织形式，分单项俱乐部和综合性俱乐部两类。学生根据各自的兴趣爱好等需求自愿加入俱乐部，参加符合自己特长和要求的体育锻炼活动。其中有一部分是带有课余性质的，有一部分是为了提高技术水平，还有一部分则纯粹是为了娱乐。它的特点是有组织，有管理，有专人指导，有经费支持，具有一定的导向性，活动效果好，深受学生欢迎。

5. 检验、娱乐和文化兼得的高校运动会

运动会是高校内部自行组织的，以院系、专业、年级、班级为单位举行的竞赛活动。其竞赛形式一般由多个运动项目组成，并在同一时段进行。目前最常见的形式是田径运动会，或篮球、排球、足球及田径等多个运动项目组成的综合运动会。

运动会对学生整体的运动水平是一个检验，除较为正规的运动会以外，为了检验更多学生的运动水平和让更多的学生参与竞赛，可以将田径运动会改成达标运动会，竞赛的项目则是达标的项目。也可以在原有竞赛项目设置的基础上，将《国家学生体质健康标准》的部分项目纳入竞赛中并增加一些娱乐性项目。要求全校每个学生均可自愿选择其中几项参加，将参赛的人数与竞赛的名次累计以计算出团体与个人名次。这不仅使不同层次的大多数学生有机会展示自己，同时也促进了学生的锻炼。同时，运动会的赛前口号征集、班徽设计、开幕式筹备、板报设计，比赛中的征文活动、广播宣传时的知识普及等，对学生都是一个体育文化、校园文化的熏陶。但是，运动会的科学设计一直是需要解决问题中的重点，如能否做到各水平层次的学生都能真正体会到参与的成就感和快乐；如何真正体现竞赛的公平性；如何将思想教育内容有机融合到竞赛中，等等。

6. 提高、普及和宣传运动训练的意义

运动训练是在高校体育教学和课外体育活动的基础上，为提高高校运动技术水平，推动高校群众体育的发展，在课余时间里对具有一定体育特长的学生

进行有组织、有计划的运动训练的一个过程。高校课余运动训练是高校课外体育的组成部分，是培养优秀体育后备人才的形式之一，是基础训练的一种组织形式。抓好高校课余运动训练，不仅可以促进学生全面发展，而且可以在培养优秀竞技体育人才方面起到基础性作用。通过开展高校课余运动训练，推动了高校体育教学和群众体育活动的开展，活跃了校园文化生活，提高了教师和学生的生活质量，增强了凝聚力，丰富了高校的社会形象，提升了高校的社会声誉，加强了高校精神文明的建设。对全体学生积极参与体育运动，养成终身体育习惯起着有效的宣传、推动作用。

（二）高校课外体育的意义

1.课外体育是体育锻炼习惯的养成途径

体育锻炼习惯是人们经过长期体育实践巩固下来的终身从事体育活动的行为特征。体育锻炼习惯的养成，依赖于体育意识和兴趣的培养，以及持之以恒的意志努力，并有一个从不自觉、不习惯到自觉、习惯的逐步培养过程。体育意识的培养，主要依赖于有关的体育基本理论知识的学习和对体育实践的情感体验。课外体育实际上是为学生提供了一个学习与运用体育知识、技术、技能的大课堂，有关的知识、技术和技能，能够在这个大课堂中得到应用、深化和巩固。同时，学生参加课外体育活动可以根据自己的兴趣、爱好自愿选择其活动的内容、形式、方法，富有吸引力，能引起学生浓厚的兴趣，满足愉悦身心的情感体验。通过不断地练习、强化、巩固和提高，对学生体育特长的形成与保持十分重要。而体育习惯的养成依赖于体育特长的具备。体育锻炼习惯一经形成，体育活动就成了日常生活中不可缺少的重要内容，学生比较容易做到持之以恒、坚持不懈地参加。持之以恒地参加课外体育活动本身就是体育锻炼习惯养成的途径。

2.课外体育是校园文化的主体构成部分

校园文化是校园内具有教师和学生特点的一种精神环境和文化氛围，是以高校师生为主体的具有一定特性的文化潮流，课外体育活动作为高校课外活动的重要形式和内容，始终在校园文化建设中，担任着重要的角色，它是校园文化的主体构成部分。课外体育有助于创造校园文化的生动丰富性，增强校园文化的凝聚力和吸引力。高校学生最富有朝气和活力，他们不但需要课堂学习，而且需要娱乐，需要友谊，需要发展自己的兴趣爱好，需要情感和精力的宣泄。而课外体育活动恰恰是能满足高校学生这些需要的最有效方式之一。因此，课外体育活动能够丰富校园文化建设，创造出校园文化的多样性，创造出丰富而生动的校园文化氛围。

3. 具有与体育课不同性质的教育形式和效果

课外体育和体育课两者相互联系、互相补充。体育课为课外体育的开展奠定一定的身体和技术基础，为课外体育提供有关的知识和技能准备。课外体育为学生提供了一个实践检验体育课学习效果的活动条件；相关体育知识技能要靠学生在课外体育活动中去体验和运用、掌握；勇敢顽强的意志品质、优良的体育道德作风更需要学生通过在课外体育的实践中去磨炼和培养。因此，课外体育活动能够补偿学生在体育课运动中的不足，它是体育课堂教育的延伸，是体育教育的第二课堂。

但是，课外体育相对体育课来说，又具有自己的体系和自己相对的独立性。由于课外体育的"课余"性，它具有如下特点：

（1）形式更加多样和灵活。与"课内"相比，"课余"不拘一格，形式也灵活生动，丰富多彩，讲求实效。

（2）内容更加开放并贴近生活。与"课内"相比，"课余"不受课时教学计划甚至校园围墙的限制，其内容和形式更开放，也更贴近生活。

（3）教育意义更加丰富和综合。"课内"教学是按学科进行的，而"课余"活动则是以活动为中心进行的。因此它具有教育的综合性，它为学生提供同时运用多种学科知识、发展多方面智力才能的机会。

（4）学生参与更基于自身的兴趣、爱好。学生参加"课余"活动时，大多数情况下能根据自己的兴趣、爱好自愿选择。其活动内容、形式也更多由学生自主选择，因此也就更能引起他们的兴趣。

（5）学生的活动更具自主性。与"课内"相比，学生在"课余"活动中，具有更大的自主性。可以说，课余活动是学生自己的活动，他们是活动的主人，教师只起到指导作用。

由于课余活动具备"课余"的特点，因此，课外体育活动学生参与的积极性高、锻炼效果明显，对培养学生的个性有独到的作用，有利于终身体育习惯的养成。

4. 高校课外体育是体育教育的另一主阵地

高校的体育教育不仅有课内教育，而且还包括课外教育。课外体育是课外教育的重要组成部分，是高校课外教育的一种形式，更是课内体育教学的延伸和拓展。课外体育是学生在课余时间里，运用各种身体练习方法，以发展身体、增强体质、活跃身心、提高运动技能和丰富业余文化生活为目的而进行的体育教育活动。它主要包括早操、课间操（大课间活动）、课外体育活动，高校运动竞赛、高校运动队训练，以及各种体育兴趣小组（俱乐部）等多种组织形式和内容。

课外体育中的教育价值是鲜明的，它可以在灵活、轻松、愉快的氛围中学习或巩固体育的基本知识、基本技术和基本技能，培养优良的品质，发展学生的个性。课外体育对学生身心的改善有着比课内体育教学更优越的条件，其时空的广延性与灵活性，运动内容、形式与方法的主体自觉性，为充分实现个体的体育教育提供了便利。随着社会的发展，生活方式的改变，赋予高校课外体育的积极因素越来越丰富，对学生身心发展的影响作用越来越明显。因此，课外体育在高校教育中具有重要的地位，是高校体育教育的另一主阵地，它与体育课内教育相互配合、互为补充，构成了完整的高校体育课程体系，积极促进学生的全面发展，成为实现高校体育教育目标的基本途径之一。

5. 高校课外体育与社会家庭有更多连接点

随着现代体育发展的进一步社会化，课外体育已大大冲破了高校的时空界限，扩大到家庭和社会，家庭体育、社会体育融为一体。社区体育的优势在于业余自愿、开放性强，但受成员的复杂性、分散性、缺乏指导性等局限；家庭体育的优势在于具有早期启蒙性、强烈的感染性和天然的连续性，体现出家庭体育是终身体育的一种形式，是终身体育的起点和归宿点，但是有封闭性和随意性的局限；高校课外体育具有法定性、规范性、教育性、指导性强的优势，但又有近期性、阶段性的局限。所以需要将高校课外体育、社会体育、家庭体育有机联系，相互作用、相互协调、相互促进。

由于社会的政治、经济、科技文化诸方面的迅速发展，高校、家庭、社会三位一体的终身体育教育体制将逐渐建立。家庭是体育教育的起始环节，高校是中心环节，而社会则是延续环节。由于终身体育观念将课外体育与社会家庭体育紧密连接起来，有教育的全员性、教育过程的连续性、资源的共享性等诸多内在连接点，使高校课外体育与社会体育、家庭体育的发展必然三位一体有机结合，形成以高校体育为主，以家庭、社会体育为辅的一体化模式。

课外体育打破了单一的模式，把娱乐体育、保健体育、生活体育、竞技体育等纳入课外体育活动体系；要突破封闭的形式，向社区和学区、家庭、居民开放，打破高校体育和社会体育之间的界限，开展多种形式（如参加社区体育、俱乐部、运动协会、爱好小组等）的学生课外体育活动，使其更好地与社会家庭体育衔接，这些都已经成为课外体育的发展趋向。

二、课外体育活动的任务

学校课外体育活动是现代学校教育不可缺少的重要组成部分，其主要目标是，同现代学校的其他环节相互联系、相互促进，共同完成现代社会对学校提出的、培养现代社会所需要的、能适应现代社会环境的人。这可以说是现代学校教育的终极目标和总任务，是学校各组成部分共同奋斗的合力的总成效。现代社会对人才复合性水平要求较高，现代学校也是在不断地进步与发展中，使自身的结构与组成不断完善与合理化，学校教育的不同组成部分，特色各异，学校所赋予的主要功能也各有不同。尽管不同组成部分有相互联系与促进的共同特征，但必然各有区分。对于学校课外体育活动，概要地说就是达到锻炼学生、培养学生的目的，具体如下：

（一）主要任务

1. 为适应社会打下良好的身体基础

学生无论在学校，还是走出校门，压力只会越来越大。学校课外体育活动不仅要通过丰富的内容、多样的形式，完成促进学生身体正常、良好发展的传统任务，更重要的是，现在以至将来很长一段时间，纠正学生因课业负担造成不良身体习惯，并消除其对学生身体成长、发育的不良影响。这也是当前学校教育不同组成部分之间相互抵触的不良结果，和学校课外体育活动的又一新任务。学校课外体育活动不仅要增强自身对于这些影响的抵抗能力，更要提高对这些不良影响纠正与消除的能力，从而更加重了学校课外体育活动任务的繁重和艰难。

2. 培养学生积极的运动爱好

众所周知，兴趣作为一种心理活动，是对于事物特殊的认识倾向，当这种认识倾向发展成为爱好时，就成为一个人的较长久而相对稳定的行为倾向，影响着人们能力的发挥。兴趣和爱好是积极性的来源，它以认识和探索某种事物的需要为基础，是推动人们认识事物、探求事物发展规律的一种动力，是人们活动中最活跃的因素。有了对某项事物的兴趣，就能在行为中产生极大的积极性，激发个体强烈的活动热情，推动人们积极愉快地从事某种活动。凡是符合自己兴趣的活动，都容易提高人的积极性，研究表明，兴趣比智能理性更能促使人们从事某项活动。

对学校课外体育活动而言，虽然兴趣是其"原动力""催化剂"，对学生的体育活动具有内驱力的作用，但是，运动兴趣同样会随着人的成长、环境的变迁而有所改变，所以，要长期甚至终身从事体育锻炼活动，在兴趣爱好的基础上，持久性和稳定性则至关重要。

3.培养学生较强的运动能力

一定水平的运动能力，是学生自觉、自主地从事运动锻炼活动的基础。而运动能力则是在体育教学中获得的运动知识、运动技术以及方法等的基础上，进行以下方面的锻炼及提高：

（1）运动技术的巩固与提高。体育教学中获得的基本运动技术并不一定稳定和成熟，要想灵巧、自如地运动，必须在学校课外体育活动中，在时间充分、条件相对宽松、运动相对自主的环境下，进一步巩固和提高，不断提高熟练化水平，达到灵活自如地运用，为成功的自主运动奠定基础。

（2）体能的锻炼与提高。体能是人体运动能力重要构成部分，其锻炼与提高是一个长时间的系统过程，需要循序渐进、坚持不懈，在基础教育阶段，其锻炼与提高只能在课外体育活动时间中完成，因而成为学校体育课外活动必然的重要任务之一。

此外，现代社会对人的生长、发育水平提出了较高的要求，不仅需要人们具有承受较强工作量的体能水平，更需要人们具有较强的抵抗、释放焦虑的能力和水平。完成这一任务，其实也是学生课外体育活动纳入学校教育计划的重要原因之一，只是随着社会现代化发展与提高，该任务的重要性越来越突出。

（3）运动智能的锻炼与提高。运动智能是较强运动能力的又一重要构成，需要长期、多元运动的系统锻炼而造就，也是现代学校体育课外活动的另一重要任务。此外，还有较高层次的心理能力等，它们都是良好运动的习惯养成，以及最终的运动锻炼生活化的基础，需要在长期、不懈的运动锻炼中完成。

（4）培养学生良好的运动习惯。运动习惯的养成不仅需要体育认识、兴趣爱好、运动能力、运动中的愉悦体验，长期、规律的运动经验等增量的积累，更需要关键发展时期的强化养成。基础教育阶段，作为高校学生后天学习、成长的关键时期，对于人生运动基础的奠基十分重要，学校课外体育活动对良好运动习惯的养成起到决定性作用，将直接决定着人生运动生活化的水平。

（5）培养学生较强的集体意识及协作能力。集体意识是现代社会对社会成员要求的基本素质之一，良好的协作能力是现代社会对于人才质量和规格的一项基本要求。坚强集体的力量是巨大的，而坚强集体的形成和保持，则取决于每一个成员是否具有强烈的协作意识和群体精神。在目前各学科明显呈现既高度分化，又相互渗透；既高度综合，又纵横交错的新态势情况下，各项科学研究和研究成果的形成，也越来越趋向于学科交叉的方向发展。因此，要求每一个参与者必须具备与他人协作的能力。协作意识是体育意识的基本内容之一，学生协作意识的形成，需要通过长期参与多种有机结合的体育锻炼活动，不断地重复磨炼，在潜移默化过程中，逐步培养与增强这种协作意识，并使之"生活化"，进而才能融入日常的工作学习之中，改善人们的社会适应性。体育锻炼以其明显的特殊交往方式，培养着每一位锻炼者的协同配合能力、待人接物能力、豁达坦荡的心胸和涵养。这些在处理人际交往中的协作能力是奠定人们走向未来成功的阶梯和基础，也成为当代学校课外体育活动的重要任务之一。

（二）次要任务

次要任务即基础教育阶段完成的教育目的及任务，非学校课外体育活动独立完成的，而又必须在活动中加强的目的及任务。

1. 培养学生较强的竞争意识及能力

强烈的竞争性是体育运动的重要特征之一，具有竞争性的体育锻炼活动更具魅力，且对高校学生更具吸引力。当今高校学生多有竞争意识，但往往缺乏耐力。开始做某件事情时，信心十足，斗志昂扬，但一遇到困难、失败，又失去勇气和信心。在学校课外体育活动中，应充分运用体育运动竞争性的特性及功能，积极培养学生的竞争意识，竞争精神，充分激发个人的潜力，培养学生敢于冒尖、敢为人先、努力向上，永不自满的能力，从而促进个人进步，增强自身实力。

2. 培养学生的社会性、角色意识及较强的社会交往能力

个性，作为一个人比较稳定的心理素质和社会行为特征的总和，是一个人能否适应社会或能否被社会接受的关键因素。它需要在个人生理和心理素质的基础上，在一定社会环境条件下，通过实践锻炼和陶冶而逐步形成。体育锻炼通过其过程的特殊性，以及其间一些非常感受的出现，促使参与者不断调整，进而形成和发展个性；锻炼过程中，参与者不同程度地接受着团队活动的约束

与限制、团队活动的督促与激励，为了能够适应群体的需要，心甘情愿地接受来自群体的约束，不断地改变自己的某些特性，锻炼参与者体育活动的自我意识感、群体约束感和主动积极感，激励着参与者以高度的责任感与同伴合作；以约定俗成的道德规范着自己的行动；以执着的追求感，驱动着自己竭尽体力、技术和全部能力实现自己奋斗的目标；以复杂而快速的转移感，领略着成功的欢欣或失败的痛苦。经历着体育活动复杂多样的情感体验，磨砺并不断丰富着个性体育运动，同时为人们学习社会角色提供优越的环境与适宜的条件，为人们提供尝试社会角色的各种机会。

活动中，参与者既有遵守体育、技术、道德等规范的义务，更有规则允许范围内的技术动作行为获胜、获奖等权利。参与者通过群体内的角色或位置，相互关联，在群体的关联中，获得信赖及各自的角色地位，理解社会角色与人的社会地位、身份相一致的权利、义务的规范与行为模式，体会经过个人努力成功扮演各种角色，从而体验到人的主观努力是改变社会地位的重要途径。体育运动作为一种独特的社会活动，是人们以一定的方式结合起来共同进行的，是人类社会的缩影，良好的交往能稳固或改善人际关系，进而使其在某一特定的情景下发展得更完美。体育活动是学校教育环境下，高校学生人际交往的一种非常有效的手段，它既能进行良好的人际沟通，又能满足自身的多种需要。学生在相互交往中实现对自己的调节，满足自己各方面的需要，同时在交往中建立各种社会关系。学校课外体育活动中的交往，使学生在信息交流和感情的沟通上更符合其从事体育运动，充分发挥体育的社会功能。通过体育锻炼高校学生不但强健了体魄，而且维持了正常的人际交往和良好的人际关系，实现了心理保健的功能。而通过体育锻炼这种活动的人际交往作用，学生可以逐步掌握正确处理人际关系的技巧。

学生坚持体育活动的另一个重要原因，就是为了与他人交往或参与群体活动。布拉尼认为，个体之所以为群体所吸引，主要有以下几个原因，即群体认同、社会强化、体育活动的刺激性以及参与活动的机会。所以，对于高校学生而言，坚持体育活动者要比中途退出者更能与人形成亲密关系。

三、课外体育活动的管理

由于课外体育活动具有业余性和自愿性，它尤其需要加强管理，以达到系统化、规范化和制度化，否则只会流于形式或成为散乱随机的盲目活动。因此，有必要对课外体育活动实行网络化管理，既要有相应的管理机构，也应有相应的制度和促进开展活动的机制。

课外体育活动的管理机构，应采用校级、系级、班级一条龙的管理体制，应以高校体育教学部为主导，联络各系部班级，形成有机的网络系统。这一网络系统在管理上应具备相应的管理措施和制度，以保证系统正常的运转。这些措施与制度应包括以下内容：对常规活动（如早操等）实行必要的考勤制度，定期组织可行的较大型活动（如冬春季长跑、球类和棋类比赛等），组织达标测验，在奖学金等奖励项目上也可相应地加入课外体育活动成绩等。

（一）课外体育活动目标管理体系及选择

目标管理是一种科学的、有效的管理理论与方法，它已成为现代高校管理的重要方法和技术。面向 21 世纪的高校课外体育活动，目标管理就是根据 21 世纪的新趋势，建立课外体育活动的目标，并以此来指导实施目标，进行检查评定管理，它体现了高校体育课余活动的系统论和控制论的思想。在课外体育活动中进行目标管理就是要把课余活动的形式内容和教师学生相统一，既注重人的主观能动性，又重视科学管理、分工和协作，实现"自我管理"和"自我控制"，高校课外体育活动目标管理要面向 21 世纪形势发展的要求，作者认为有三个阶段和三种模式来建立课外体育活动的目标管理体系。

1. 由体育部规定课余活动是现阶段课余活动目标管理的主要模式

目前高校课外体育活动管理体系还不健全，主要还是由体育部根据高校体育工作的有关规定而制定的一些规定来进行管理，虽然通过行政规定可以达到课余活动的管理目标，但其实质并不符合目标管理的原则，缺乏系统的目标管理体系，具有一定的随意性，学生往往是被动接受，不能发挥学生的主观能动性。显然，这对 21 世纪的高校体育课余活动的进一步发展是不利的。一方面我们要充分发挥体育部在行政管理上的优势，另一方面我们必须配以其他的管理模式来改变这种单一的状况。

2. 社区与体育部共同组织课外体育活动的过渡阶段的目标管理模式

从目前高校的实际情况来看，要改变这种状况以适应新世纪的要求，还得另辟蹊径。学生社区与体育部共同组织课外体育活动已在部分高校取得了成功经验。学生社区是指学生日常生活中的后勤管理部门，由于一起居住生活在一定情景下的学生具有一些特定的生活方式和成员归属感，学生社区以学生生活情景范围为单位来组织课外体育活动比之体育部以行政班级为单位组织对学生而言具有积极性高，参与者多，互助性强，便于组织等诸多方面的优势。由社区组织协调，体育部负责指导、检查、评定的目标管理模式不失为目前情况下高校体育课余活动管理的有效方法。

3. 以俱乐部模式开展课余活动的新阶段目标管理体系

要真正实现高校学生课外体育活动的目标，我们还得跨出更大一步，就是在高校各部门的配合下，在现有的场地设计条件下，适当增加投入，创办高校各种体育活动俱乐部，并配备专门的教练和辅导员，以其先进的设施、丰富多彩的内容和系统的指导来吸引大学生投身于课外体育活动中。也有利于构筑高校体育文化环境，激发学生对体育文化现象的内在心理感受。以培养现代大学生积极的体育文化心理素质。并且可以推向社会，形成高校的体育产业，以利于实现学生课外体育活动的社会化和开放化、产业化和服务化。

高校课外体育活动目标管理乃是课余管理活动的程序和过程，要求组织课余活动的各级组织，包括校级运动会、中间的体育部、各学院、系的体育分管组织、高校社区管理部门、专项体育协会或俱乐部以及学生个体共同商定课外体育活动的目标，并由此决定各自的责任和分目标，把这些分目标作为课余活动的开展、评估和奖励的标准。它具有三层含义：①课外体育活动的目标是组织部门与参与的学生个体共同商定的，不是由体育部或上级管理部门单方面下达的规定和指标；②依据课外体育活动的总体目标制定各组织部门及教师学生个体的分目标，并以此确定各自的责任；③一切活动都围绕达到这些目标而展开，并以此作为评估的标准。

在实施课外体育活动目标管理时必须抓住两个实质：①重视学生个体能力。课外体育活动目标管理是一种学生参与的、民主的、自我控制的管理制度，是把学生个体需求与体育活动目标相结合起来的管理制度。因此我们必须重视学生对体育活动的兴趣和价值取向，努力培养学生享受体育活动给予的满足感和成就感，只有这样才能使课外体育活动的目标得以完成，才能真正使学生课外体育活动实现终身化和自主化，这是实施目标管理的前提。②建立课外体育活动的目标锁链和目标体系。在确定课外体育活动目标时必须要有层次，且相互配合，方向一致，同时各分目标要具体化并具有可实施性。既要兼顾学生课外体育活动的现代化，又要做到活动内容的多样性。这是目标管理成功与否的根本保证，二者缺一不可。

（二）课外体育活动目标管理的实施

1.建立课外体育活动目标体系

（1）校体育运动委员会和体育部共同预定课外体育活动的总体目标。可以由校级体育主管领导和体育部领导根据新世纪学生课余活动的新特征以及学习实际情况预定目标，这一目标是暂时的，可以改变的，也可以由学生或教师提出，由目标实施部门及最终的学生个体经过共同商量然后确定出清晰的目标体系。目标要具有长远的意识，尽量避免目标管理具有短期行为的缺陷。另外任何层次的目标都要具体明确，最好数量化，是可以被检验的。目标应具有的内容为：学生体育达标率、出勤率、校内外群体活动和运动竞赛计划目标，以及高校体育文化环境（硬件如群体活动的场地设施，软件如体育活动的宣传和引导）的建设目标等。由校级领导或体育部单方面决定课外体育活动目标，强迫下级和学生接受的方法不是目标管理。

（2）审议各体育组织部门责任分工。目标管理要求每一个目标和分目标都要成为某一个人的确切责任，明确职责分工，目标实施与完成时间，并尽可能做到某个目标只属于一个主管、一个部门，对需要跨部门配合的目标也要明确谁主谁从。

（3）确立各级分目标以及学生个体参与课外体育活动的个人目标。根据课外体育活动的总体目标确定各下级部门（体育部、学院、系、学生社区管委会、卫生科等）分目标，体育部主要负责制定和实施校外群体竞赛和全校性群体活动的目标，学生社区主要组织各种小型多样的群体活动目标，俱乐部主要担负专项体育群体与竞赛目标的确定与实施。同时，不容忽视确立课外体育活动的学生集体和个人目标，我们可以通过各种途径由体育任课教师、辅导员、管理员以及俱乐部教练根据各自的分目标帮助学生建立自己的个人课外体育活动目标，从而达到使外在的目标转化为学生内在的目标，让学生真正明确达标的意义和作用，使目标成为学生的一种愿望和需要，并根据个体差异及高校总体目标制定个人努力方向，使各自目标既具有挑战性，又要有实现的可能性，利用总目标的导向作用，充分调动学生锻炼的积极性和主动性。

（4）建立考核评价与奖惩制度

建立课外体育活动考评小组以及奖惩制度，在达到阶段性预定目标期限之后，对课外体育活动目标完成情况及时作出考评，决定奖惩，对目标重新分析调整，开始新一轮的循环。

2. 课堂教学与课外体育活动一体化

所谓课堂教学与课外体育活动一体化，就是把课堂教学看作体育理论与技能的学习，把课外体育活动看作体育的实践来进行组织与管理，以运动项目为主线，打破常规教学班的限制，在专职教师的带领指导下开展课外体育活动。

3. 充分发挥学生社区的组织管理优势

小型多样的校内与校际群体性比赛是搞活学生课外体育活动的有效手段。传统的以学院、系、年级、班级为单位的校内比赛往往是一些体育技能较好的学生的事，对于许多学生来说他们只是旁观者。相比之下，学生社区管理下的以寝室、楼层为单位的校内或校际群体比赛更能动员大多数的学生参与，而且也更易组织与管理。

4. 建立体育活动俱乐部

发展学生课外体育活动的另一个重要环节是活动的内容要能吸引广大的学生积极参与，不仅要在活动形式的广度上加以扩充，还要在内容的深度上予以深化。在现有的学生单项体育协会基础上，借助学生自身的人力和物力，并尽可能利用社会的参与和赞助，在软硬件上增加投入，建立校内形式多样、吸引学生兴趣的体育活动俱乐部，配备专职教练和管理人员以及健全一些特例的管理制度。

（三）提高课外体育活动的管理效益

体育竞赛既是课外体育活动的一种重要形式，也是对课外体育活动的开展和提高其质量的促进和保证。一方面，参加比赛需要一定的竞技水平，而且它也是对锻炼效果和竞技能力的充分展现和发挥，因此对广大课外体育活动者具有极大的吸引力；另一方面，通过体育比赛的组织和激励，能极大地促进赛前体育活动的开展。所以，比赛是广泛开展课外体育活动的必要手段。

为了搞好体育比赛，应做好相应的规划并制定必要的措施。首先，体育活动应制度化、多样化，合理分配学期时间，定期举办各项比赛并要求学生广泛参加；其次，竞赛过程应规范化、科学化；最后，让学生参加竞赛的管理工作，通过参与增长体育知识、提高体育素质以及欣赏品位。由此，可提高学生对体育的兴趣及参加课外体育活动的自觉性。

为了保证课外体育活动的质量不断提高，应对活动的内容、形式、方法以及锻炼习惯的培养等，制定相应的评价标准体系及管理规则，并讲求管理效益。首先，应以必要的形式对积极参与课外体育活动者以一定的奖励。如对某些集体活动的全勤者加以奖励，并参与体育课成绩的构成，同时也可作为评比先进个人或集体的必备条件。其次，拓宽锻炼时间范围，充分利用场地器材，合理安排课外活动时间，使学生学习锻炼两不误。再次，加强课外活动的辅导时间和辅导内容，建立辅导流动站，定时定人进行辅导和培训。最后，改革活动形式，可根据不同的爱好和特长划分训练小组，也可自由地选择辅导老师，还可增设必要的项目。

总之，通过一系列有效的管理，不但能有效地促进课外体育活动广泛深入持久地开展，而且能不断地提高其锻炼水平和效果。

第二节　高校课外体育活动管理的实施

一、当代课外体育活动的特点

依据课外体育活动在学校教育中的地位、作用，区分它与其他学校教育活动的组成部分，并遵循体育活动自身特色，当代中国基础教育学校课外体育活动应具有以下主要特点。

（一）全体性

学校课外体育活动，首先必须面向全体学生开展，要求全体学生参加，可以自主选择多样形式，方法可以灵活多变，而不能以个别代替全面。比如，代表队的训练，虽属课外体育活动之列，但它并不能代表和顶替学校的课外体育活动。这既是当前中国社会、教育现实向学校课外体育活动提出的基本要求，更是当前我国学校课外体育活动的基本特色。其次，当前学校课外体育活动，已不仅仅是体育教师的工作和任务，而是整个学校、教育部门甚至社会的重要工作任务。因而，在学校，从校长、行政管理人员到班主任再到其他任课教师，都应广泛动员，积极参与组织、管理及开展。

（二）时间规定性

学校每天的学生课外活动时间，不仅应在作息时间、课程表中严格规定，而且每天不得低于一小时。这是国家中长期教育改革和发展规划要求，也成了学生当代课外体育活动的校园特色。

（三）多样性

当代学校课外体育活动应具有丰富的内容和多彩的形式，但运动性应是其主要形式和特点。尽管课外体育活动内容丰富，形式和方法灵活多样，但当前我国学校课外体育活动必须以学生的运动为主要表现形式，以调动学生充分活动为主要目的和特色。没有调动学生的运动积极性，使学生得到身体锻炼，以及对学生运动习惯养成等起到积极作用的课外体育活动，不论项目、内容以及形式与方法，都将不能推崇。

（四）自主性

学生对运动项目、参与形式等选择应是自主的。当代学校课外体育活动的开展是以促进学生积极参与、得到有效锻炼为重要目标的，并要充分发挥学生的自觉性与积极主动性，而学生对于丰富的运动项目、多彩的运动形式，在心理倾向、个性爱好、运动特长等均存在较大差异。动机强、兴趣浓厚，参与的积极性则较高，活动过程才能更理想，活动的锻炼效果则更明显。所以，从促进学生积极、主动地参与，追求良好运动效果的角度出发，学校课外体育活动必须给予学生充分的选择自主性，不得给出限定性。

学生对运动项目、参与形式等的自愿选择，不仅是当代学校课外体育活动开展的需求，更是其组织、管理人性化的特点的体现。

（五）人文性

对于当代中国学校课外体育活动，就是要以学生的健康成长与发展为本，不仅要以使学生具有健康的体魄，更要以使学生有健康的生活、习惯及能力为目的任务，从而使课外活动的内容、形式、组织及管理等充分体现出以学生的健康成长、发展、生活为本的"人性化"特色。针对我国学校课外体育活动，"人性化"不仅是目的、任务等表象的特色，更应是思想认识转变，以及方式、方法、手段、措施、管理改进的特点，充分体现理解、认同、尊重、关爱等极具人性化的要素。

教育要为国家服务，为社会发展服务，学校教育更要紧随国家、社会发展的需求，学校课外体育活动作为学校教育的重要组成部分，必须听从国家、社会发展的要求，在保持教育、体育自身特色的基础上，更应具备时代、教育发展需要的特征，才能服务好社会与国家。当然，时代在进步，社会在发展，教育也在不断进步，学校课外体育活动也应当紧扣时代脉搏，与时俱进，充分发挥教育、体育的时代特色，更好地服务于国家、社会的发展。

二、课外体育活动理论基础的构建

学校课外体育活动理论作为学校课外体育活动"理论与实践研究"的理论基础，是相对而言的，其理论的建构与研究还需以多元的、多层次的元学科理论为基础。学校课外体育活动的理论依据主要在心理学、社会学、教育学、体育学等科学理论之中，它们不仅比学校课外体育活动理论要成熟，而且比学校课外体育活动理论更基本，更具有普遍性，是学校课外体育活动的理论和观点得以建立的基础科学和理论源泉。学校课外体育活动理论中一些最基本的原理、观点，并不是学校课外体育活动理论，甚至课外活动理论原本就有的独特理论。许多理论最先是作为哲学范畴以及心理学研究、教育发展等问题提出来的，并从多维的角度来认识的。所以，所谓学校课外体育活动的理论基础，主要是指学校课外体育活动所阐述的各种理论、观点所来自、所赖以建立的各种元学科。正是依靠了这些基础学科，学校课外体育活动理论才得以形成，其理论体系才得以建立，同时，学校课外体育活动中的思想和理论才能在理论上、基本观点上得以树立起来。

（一）心理学基石

心理学作为一门重要的元基础理论学科，一直是教育学、体育学等多门类学科的理论基础，为其理论建构与研究等提供了丰厚的理论基础，尤其心理学研究发展过程中的"活动理论"，更是奠定了学校课外体育活动坚实的理论基石。

1. 关于"活动理论"

"活动"最初是以哲学范畴的概念而被提出的。"列昂捷夫活动理论"将哲学范畴的"活动"概念引入心理学，对于理解人的意识的产生、发展、结构、历史等问题具有真正关键性的意义，显示了在活动基础上建立统一的科学心理学系统的可能性。其基本观点可以概括为：①活动的对象性。活动总是要指向一定的对象。对象有两种：一是制约着活动的客观事物，二是调节活动的客观事物的心理映象。离开对象的活动是不存在的。②活动的需要性。活动总是由特定的需要来推动的。当相应的客体出现时，需要便立即转化为动机，由动机推动人的活动改变客体使其满足自身的需要。③活动的中介性。正是在活动中，人实现着对客观现实的心理反应，被反应的东西转化为主观印象、观念的东西，而观念的东西转化为活动的客观产物、物质的东西。人对客观现实的积极反映，主体与客体的关系都是通过活动而实现的，活动在主客体相互转化过程中起着极其重要的中介桥梁作用。内省心理学脱离活动去研究意识，行为主义心理学则脱离意识去研究行为，都不能得出科学的结论。④内部活动和外部活动。活动可以分为内部活动与外部活动。从发生学上来说，外部活动是活动的原初的、基本的形式，内部活动起源于外部活动，是外部活动内化的结果。内化是内部活动形成的机制，内部活动又通过外部活动而外化，这两种活动具有共同的结构，可以相互转化。列昂捷夫认为，心理学既要研究内部的心理活动，也要研究外部的实践活动，两种活动都应成为心理学的研究对象。⑤活动和意识的统一。活动和意识的统一意味着，每一个心理过程都是在某种实践或理论活动中进行的，人的心理、意识是在活动中形成与发展起来的，通过活动，人认识周围世界，形成各种个性品质。与此同时，活动本身也受人的心理、意识的调节。心理过程本身也指向达成一定的目的，借助不同的方式而实现，自身也表现为心理活动。⑥主导活动观。在人的心理发展的不同阶段总有一种活动起着主导作用，根据主导作用的不同可以对人的心理发展进行阶段划分。

2. 运动心理学的发展与当代学校课外体育活动

随着运动心理学学科的确立及快速进步与发展，其研究领域不断扩展与深入，锻炼心理学的研究与发展也逐渐展开，高校学生锻炼心理学、老年锻炼心理学等针对不同人群、层次的锻炼心理学的研究也相继展开，并不断深化，这些研究使得心理学研究的发展更加具体与充实，对不同学科领域的理论支撑更为坚实。随着现代社会的发展，人们对生活的关注，对健康的追求，对体育运动的热衷，促成了心理学理论研究的不断深化和具体。进入二十一世纪以来，随着中国社会、经济的发展，人们对学校课外体育活动的认知水平不断提高，对加强学校课外体育活动发展的动机越来越明显和突出，学校课外体育活动理论研究对心理学发展成果支持的需求更为迫切。同时，心理学研究对参与运动的自我完善、心理健康、社会互动等主题的不断深化，尤其是高校学生心理学研究的发展，将对当代学校课外体育活动理论的完善、深化、提高，奠定更为坚实的理论基础。

（二）社会学阐释

体育作为人类特有的一种社会文化现象，在跟随现代课外体育活动以另一教育形式进入学校教育开始，其在学校教育中的价值、地位、意义、功能，以及形式、内容、方法、手段等，即与现代社会的发展变化紧密联系，并被赋予了新的教育领域的社会学阐释。十八世纪中叶，在"身心二元论"思想为主导的社会中，体育只是锻炼身体的一种手段，使一个人具有强壮的身体和良好的运动能力就是体育的目的。在这种思想指导下，人们探索怎样更合理地、更有效地去达到锻炼身体的目的，在研究人体的结构和机能的"解剖学"和"生理学"等基础理论的指导下，学校课外体育活动的价值意义还难以得到教育与社会的认可。进入二十世纪，随着教育理论的发展和心理学的发展，更由于学生课外体育活动的轰轰烈烈的发展，社会发展需求对学校教育提出的培养目标依赖传统学校教育难以达成。于是，社会开始关注、研究学生的课外体育活动，以及学生课外体育活动中的许多新的社会问题，并开始把学生的课外体育活动纳入学校教育计划。从此人们开始认识到，体育的作用不只是能够促进人的肌体的发展，更能借以培养出身心协调发展、更能适应社会的人。二十世纪中叶以后，世界发生了巨大的变化，科学技术飞速进步，一些发达国家的社会也发生了很大的变化，被称为"第三次浪潮"的新的科学技术革命出现在人们的面前，社会的激变及社会的复杂化对教育提出了新的课题，并引起世界范围内的教育改革。"培养适应新社会发展的人才"成为现代教育的新的目标，体育问题的社会学研究得到人们的广泛重视，在一些发达国家，开始创立了体育基础理论新的学科——体育社会学。体育社会学的出现为人们更全面地理解体育与其他上层建筑的关系及体育的地位和作用，更全面地理解体育教育中人与人、人与集团、集团与集团之间的相互关系提供了新视角，使人们对体育的目的、内容、方法的存在和发展能有更全面的认识，被称为体育基础理论发展的一个新的阶段。在学校体育中，各种体育活动不仅可以为学生提供适应社会生活所需要的行为能力、行为方式、行为准则和行为规范等，而且还可以使他们学习、掌握并运用其他社会生活领域中的规则，特别是对高校学生来说，体育还可以使他们学会互相尊重、互相理解，养成良好的社会态度，发展自主性和对社会道德标准的判断力，促使他们良好个性的形成和发展。体育社会化，不仅能促进学生对自身的认识和对体育教育价值观的形成，还可以在提高竞争意识、规范道德水准等过程中，对社会活动的重要意义有明确认识。

在我国当代学校课外体育活动理论的发展及完善中，如何使学校体育在适应社会进步中和谐地改革与发展，如何优化新的社会环境下的学校体育的目的及任务，如何成就生涯（终身）体育问题，如何解决好学校课外体育的人文关怀与满足教育、社会发展需求的关系问题，课外体育活动在学生社会化中的作用及新的任务、功能，课外体育活动中学生的参与动机、环境的社会影响因素问题，学校课外体育活动的社会性等系列问题，需要新的学校体育社会学阐释。

（三）教育学论证

培养全面和谐的人是世界教育的普遍追求，教育的目的更在于促进人全面和谐地发展。随着社会现代化进程的不断推进，教育必须适应它对人的素质和能力的高要求，尽力促进人的全面发展。为适应我国社会主义社会的建设与发展需求，培养合格的社会主义建设者，新中国教育始终以"培养体力劳动和脑力劳动相结合的劳动者""培养德、智、体、美全面发展的建设者"等为教育目的，建构社会主义教育理论体系，指导教育实践过程。教育学进一步阐释：受教育者的全面发展，包括生理和心理两个方面。生理方面的发展主要指受教育者身体的发育、机能的成熟和体质的增强；心理方面的发展主要指受教育者的德、智、体、美几方面的发展。它们既各有特点，又相互联系，都是受教育者不可或缺的素质，统一组成受教育者完整的素质结构。教育学理论进一步论证了人的全面发展是由德、智、体诸方面的发展构成的，以促进人的全面发展为目的的教育也就包含了德育、智育、体育等方面，它们共同构成了全面发展的教育。其中，体育是授予学生健身知识、技能，发展他们的体力，增强他们体质的教育。我们培养的建设者必须有健康的体质。现代社会生活节奏的加快对人的身体素质、灵敏度、适应自然和社会环境变化的能力都提出了更高的要求。高校学生正值长身体的时期，应特别关注他们身体的生长发育，使其能精力充沛、高效率地投入学习。否则，不仅会直接影响德、智的发展，甚至还会造成一生难以弥补的损失。

德育、智育、体育、美育和劳动技术教育是我因教育目的规定的全面发展教育的有机组成部分，是对人类长期教育实践中积累的培养人的经验的抽象和概括。五育各有自己的特殊任务、内容和方法，对个人发展起着不同的作用，同时又相互依存、相互渗透、相互促进。只有把五育作为一个统一的整体，才能使受教育者形成合理的素质结构，培养出符合社会要求的全面发展的人才。

（四）体育学来源

学校课外体育活动作为学校体育的子系统，从属于教育与体育两大系统，既是全面发展教育的组成部分，也是现代体育的组成部分。所以，现代学校课外体育活动理论有着现代教育和现代体育的双重背景来源。

从宏观角度而言，学校课外体育活动是学校课外教育的重要组成部分，是课外教育活动的重要形式和内容，是实现学校教育目的的重要途径，是实施素质教育的重要内容和手段。所以，在理念、指导思想、方针、政策等方面，必须服从国家教育目的、培养目标、培养任务等基本要求。

从另一角度来讲，学校课外体育活动更是学校体育的重要组成部分，与体育课共同构成了学校体育的整体，二者相互配合，形成一个有机的整体，共同实现学校体育的目标，是实现现代学校体育目的的重要途径。学校体育又与社会体育、竞技体育紧密结合在一起，成为培养全面发展现代化建设人才的重要途径之一。学校课外体育活动必须与体育课相互配合，共同实现现代学校体育的目的，促进现代体育的发展。同时，学校课外体育活动作为开展高校学生健身活动的基本组织形式，为在高校学生中广泛开展体育健身活动，提供了最基本、最便利的组织形式，更是发现和培养运动后备人才的重要渠道。学校作为培养人才的基地，优秀运动后备人才的发现与培养，同样是学校体育责无旁贷的任务之一，这一任务则必须依靠学校课外体育活动才能得以实施。在发现人才、培养人才、输送人才方面，学校课外体育活动将成为现代体育发展的最主要渠道之一。学校课外体育活动跟随学校体育，作为现代体育的重要组成部分与发展形势，体育学则是其基本理论的直接来源。

三、课外体育活动管理的实施策略

（一）正确把握理念、指导思想及价值取向

对于当代学校课外体育活动实践而言，正确的理念是启迪，科学的指导思想是导引，合理的价值取向是驱使，实践中需要准确把握、合理运用。

1.把握正确的学校课外体育活动理念

对于我国当代学校课外体育活动，需要牢牢把握的正确理念应当是，课外体育活动不仅是学校教育的重要组成部分，更是当代中国学校体育价值诉求的主体。当代学校课外体育活动作为学校教育的重要组成部分，不仅需要使学生体育实践技能及社会适应能力得到锻炼和培养，更需要使学生体质及健康水平得到增强和提高。

加强学校体育工作，必须开展好学校课外体育活动，学校体育工作成效将以活动的成果为主要体现形式。学校课外体育活动不能处于学校体育的次要地位，更不能是学校教育的边枝末节。

2.把握科学的学校课外体育活动指导思想

对于我国学校课外体育活动，应当正确把握的指导思想是，保证学校课外体育活动过程中学生的自主性、自愿性、自组织性。自主性，即学校课外体育活动是以学生自主性活动为主的；自愿性，即学生对活动内容及方式的选择是自愿的；自组织性，即学校课外体育活动的组织、管理是以学生自组织为主体的。

自主性活动是学生课外活动的本来特色，正是自主性学生课外活动内容及形式的丰富多彩、自我发展的繁荣昌盛，引起了教育者、学者的关注与研究，从而在学校教育中得到了更为突出的价值体现。学生对于活动内容及方式的自愿选择既有利于学生个性与特长的发挥，同时更是教育"人性化"的重要体现。自组织性则更有利于学生运动技能以及社会适应等各方面综合能力的锻炼与提高。

3.把握合理的学校课外体育活动价值取向

对于当代学校课外体育活动，需要合理把握的价值取向是，追求学生体育运动及锻炼活动的"生活化"。"生活化"作为学校课外体育活动的终极目标，终身体育的最理想状态，只有在课外体育活动中以此为价值取向，才能促使学生体育兴趣、运动习惯、运动技能以及其他各方面能力与水平的有效锻炼与提高。

（二）健全制度保障体系

改革开放以来，我国学校体育立法虽然取得了显著成绩，学校体育法规体系已初步形成，但是不够完善。为促进当代学校课外体育活动快速、富有成效地开展，必须首先从法制建设的角度，建立有效的保障体系。

首先，从结构上尽快改变现有法律、法规分布的不平衡现象，逐步健全上下有序、内容全面、形式完整统一的学校体育法律法规体系。一方面，加强学校体育法规横向覆盖的完整性，尤其在学校体育实践中急需的法律法规应尽快出台。例如，如何保障学校体育的经费问题，如何保障学校体育场地不被随意侵占的问题，如何有效保障学生体育活动时间的问题，保障学生充分有效的课外体育活动等问题，急需有法可依。另一方面，完善学校体育法律、学校体育行政法规、地方学校体育法规、部门学校体育规章和地方学校体育规章的体系。加大学校体育国家层次的立法力度，加强学校体育行政法规、部门体育规章以及相关细则规章的建设，尽快形成层次配套，网络疏而不漏，能使法律顺利实施的、层次排列有序的、学校体育完善的法规体系。

其次，加强学校体育法律、法规的可操作性，提高法律、法规的执行效力。从全国人民代表大会、国务院制定法律法规，到学校体育行政法规、部门体育规章，应层层细化条文，上下对应，责任明晰。并加强监督与督查，在有法可依的基础上，有法必依，违法必究。坚决杜绝随意侵占、挪用学生体育活动场地、经费、时间，不开展课外体育活动等行为，追究事件相关人员的法律责任。

（三）健全"多方关注、齐抓共管"的督导、检查体制

1. 完善学校自查汇报制度

教育行政部门应要求学校针对课外体育活动，形成定期自查开展情况、总结活动成效的制度，并将自查、总结结果如实上报备案。各级学校要正确对待自查、汇报制度，严格要求，高效自律。

2. 完善政府督导、检查制度

政府应建立督学，教育行政主管部门不同分工、不同侧重、不同形式的，定期、不定期的针对学校课外体育活动的专项明察或暗访体制，以及相应的奖惩机制。通过政府部门的定期的教育联席会议，总结各校课外体育活动情况，并汇总结果，参照奖惩条例，严格奖惩，并向各学校公布结果。

3. 建立社会监督、检查制度

政府应把学校课外体育活动作为重大教育任务，充分面对社会监督，通过邀请家长协会等社会力量，监督、反映各校开展状况，形成社会调研制度，定期调研。政府应邀请社会专业评估机构，针对学校课外体育活动，形成定期开展专业检查、评估的制度，并将评估结果向社会公布，进一步接受社会监督。

总之，针对学校课外体育活动，要形成社会、政府、学校等多方面的共同关注，学校、政府、社会共同监督、管理的体制，有效保障学校课外体育活动的积极开展，有力促进学校课外体育活动成效的提高。

第三节　高校课外体育活动管理的创新发展

这个时代的学习空间呈现多维变化趋势，学习资源形态变得多元化，学习场景亦从固定场所拓展到指尖上；学习方式更加凸显出主动化、个性化、创新化的特点，主动式学习逐步取代被动的学习方式，移动学习、泛在学习扮演越

来越重要的角色。"互联网+"日益渗透到我们学习生活的方方面面，其优势愈加凸显，大数据、云处理的信息技术手段，高效、便捷、共享的特点也在不断地影响着人们的体育参与方式。高校课外体育活动管理亦应推陈出新，这个时代要求我们要用创新的思维和手段化解课外体育活动管理中出现的各种矛盾，从而提高课外体育活动质量。

一、互联网背景下高校课外体育活动创新的必要性

任何一种改革创新都需要有内外部的推力，新的管理模式是在传统管理模式与先进的社会发展理念相互碰撞中产生的。传统管理模式组织结构较为松弛，职能部门功能模糊，体育俱乐部管理模式因场馆需要经费维持运营，固定场所运行，限制了学生自由的课外体育活动的参与。时代发展，学生更加崇尚自由、开放个性化的课外体育活动体验。传统管理模式的时间和空间限制、个性化无法满足的问题逐步放大，过去学生参与课外体育活动监管难度较大，管理者不能时时监督学生活动状况，现在采用"互联网+"手段，记录学生运动情况，这些信息根据相应的评分标准就会生成相应的分数。由于信息技术不断革新、不断完善，获取信息也会更加全面细致，那么课外体育活动管理标准也应不断完善。不论是体育俱乐部的签到盖章、指纹签到系统、人脸识别系统、校园卡签到系统还是智能穿戴设备，都是对课外体育活动管理模式的一次又一次顺应时代潮流的发展的创新。

当代大学生擅长学习新知识新技术，接受与掌握能力比较强，他们通过网络获取新闻信息，学习新知识，进行网络社交，成为互联网使用的中坚力量。智能手机成为大学生的"标配"，学生生活学习已完全离不开手机，学习类、娱乐类、健身类软件不仅改变了生活方式，它更改了变人们的思想观念。互联网的开放性、便捷性和隐匿性等特点与大学生人群讲究学习高效性、追求个性、对新鲜事物具有新奇性等特点完美契合，这使得网络可以而且应该被用来作为满足大学生提高身体健康需要的手段和途径。大数据的潜力不断被挖掘，高度发展的数字技术使得计算机不再固定，它跃到了我们的指尖。"互联网+"的思维模式也逐步被提升到国家战略层面，对于大学课外体育活动的管理工作，传统的课外体育活动管理模式已不能满足"互联网+"背景对于课外体育活动管理精简化、便捷化、高效率的需求，要求我们创新管理手段与方法，更新管理模式。"互联网+"新思维、新技术正在助力高校课外体育活动的管理者构建新模式，实现课外体育活动管理智能化。管理模式的变革并不能仅仅停留在与互联网或科技产品的简单相加层面，不能仅仅将网络化作为管理模式中的

一种手段，应充分挖掘互联网数据处理资源、整合信息、信息共享的潜能，重构管理模式的新格局。

（一）为管理者减负，节省人力资源

传统的课外体育活动管理模式不符合"互联网＋"开放高效的要求。在当今信息和数据大爆炸的时代，"互联网＋"技术几乎覆盖了各行各业的管理和工作模式的变革创新。但是高校课外体育管理仍然闭门造车，在其他行业逐渐实现现代化、机械化、智能化的情况下，大学课外体育活动管理部门的体育教师日常工作量大，必修课、训练队、学生体质测试、科研工作使其分身乏术无暇顾及学生的课外体育。如学生长跑测试，现场测试，记录成绩，测试完成后，需要手动将成绩输入学生成绩管理系统，无形之中又增加了老师的工作负担。结合"互联网＋"新技术，一方面避免了高校课余体育锻炼传统考核手段所带来的纷繁手续，为体育锻炼管理者进行了减压减负，而且对于课外体育活动的参与者能够进行有效的监督，促进学生参与体育锻炼。并且有利于提高课外体育活动考勤管理的科学性、准确性以及规范性等。从学生锻炼到教师评价，全自动的评价体系提高了教师的工作效率，终端管理软件的使用减去了教师统计、评分的工作负担，将学生的锻炼情况自动记录，通过计算机自动生成每学期的锻炼情况，并给出客观的评价，从而为体育成绩的评估提供数据依据。

（二）拓宽锻炼时间范围，合理利用场地设施资源

"互联网＋"的自动化与数据化为学校管理提供了有效的手段，通过手机客户端、服务器终端与后台管理软件的无缝对接，实现了学校体育资源的合理配置。以往由于必须在固定时间到固定场地进行锻炼，往往会造成部分场地过于拥挤而部分场地闲置，影响学生的锻炼效果，同时也存在着一定的安全隐患，智能化的管理模式不对学生锻炼做固定的时间锻炼要求，学生合理安排自己的课余体育锻炼时间，根据自己课余时间及手机移动端可查询的场地信息情况进行合理安排，缓解有些场地、设施不足的矛盾。从时间维度、空间维度来看，都是对传统的管理模式的突破，学生在任意时间、任意地点进行锻炼，这也符合学生碎片化的时间管理。

（三）利益最大化的受益者——学生

高校课外体育俱乐部的智能化管理并非是学校利用行政权力，单方面采取的强制性管理措施，而是基于目前学生普遍采用的体育锻炼辅助方法，利用统

一的系统平台进行管理，最重要的是给学生带来最大化的利益。

首先，能调动学生的锻炼积极性。课外体育活动与课堂教学不同，体育课堂是有组织、有计划的教师教、学生学的活动，然而课外体育活动没有各种硬性规定，学生在进行课外体育活动时拥有较大的自主权，学生出于某种动机坚持体育锻炼，基于自身条件选择项目。由于许多客观因素的限制，学生会选择放弃锻炼，久而久之会形成锻炼惰性，因此，借助智能化的管理手段进行监督，利用外部手段提升学生参与积极性不失为一个好办法。

其次，可提高学生的人际交往能力。课外体育活动实际上是一个为学生提供多种形式、多样内容的交流平台，它是体育课堂的延伸，能够拓展学生的人际交往领域，体育课堂上不同专业性别的学生交流时间是有限的，然而课外体育活动能够使不同性别、年龄、专业的同学通过这一平台结识有着相同体育爱好的朋友，活动中交流能够提升运动技术水平，掌握运动技能，可以满足学生健康信息传播需求。互联网盛行的时代，健身类信息不胜枚举，健身信息在社交媒体上的分享助推了网络健身的广泛传播。而且针对当下学生"刷个存在感"的需求，锻炼后的数据截屏分享到社交平台，增强了课外体育活动的趣味性，同时也通过"连接一切"的互联网平台将高校体育教育融入社会，扩大了学校体育的社会影响力。

最后，学生形成课余体育锻炼的兴趣，具备相应的体育知识与运动技能，对于学生终身体育学习将大有裨益。通过实施课余体育锻炼智能化管理，一方面能够保证学生课余体育锻炼的时长，另一方面能够帮助学生学习到更为丰富的运动知识与技能，调动学生锻炼积极性，在学习中相互促进，促使学生形成融洽的人际关系，营造出良好的锻炼气氛，进而为终身体育带来积极的影响。因此，智能化管理模式应该说为高校课外体育活动管理工作的开展提供了一个新的契机。

（四）产业发展的长新路径——市场与科技

当前，"产学研一体化"已经成为各大高校走出象牙塔，与社会发展相对接的重要理念。市场作为最终目标，各种科学技术通力合作，将科研、技术、产品市场连锁，研究新型产品，普及科研成果就是"产学研一体化"。因此，高校课外体育活动的智能化管理也是实现"产学研一体化"的一次有效尝试，为创新驱动中的体育产业发展提供了契机。首先，市场为高校服务，要充分开发市场潜力，利用公司运作、广告赞助为学校体育俱乐部提供"免费的午餐"，解决资金链的来源、流动、管理等问题，利用科技公司的技术资源为高校体育教学提供便利；其次，数据为科研服务，充分利用"互联网+"时代大数据、云计算的科技资源，在学生管理中充分挖掘有效的信息，为高校体育教学、运动训练、学术科研提供支撑，促进体育科学的发展，并且能够有效集中相关领域的专家，为市场提供技术指导，开发更有针对性的社会体育市场，为推动"互联网+"时代社会体育产业的发展奠定强大的学术基础。

在互联网大数据时代，一种依托于"互联网+"信息科技的数据信息采集、存储、处理、深度挖掘并及时分析研判为管理层做出管理决策提供数据支撑，对学生课外体育活动实时动态监控的智能课外体育活动管理模式呼之欲出。新的管理模式必将革故鼎新。

二、高校课外体育活动管理的发展趋势

（一）全面覆盖化

"互联网+"背景下课外体育活动管理应该秉持的首要理念是要求全面覆盖化。全面覆盖化具有多重内涵，一是在课外体育活动管理过程中覆盖的学生面广，即活动能够满足大部分学生的锻炼需求。全校范围内统一实施，执行管理，能够涵盖学生喜闻乐见的项目。跑步项目是学生参与面广，简单易行，投入成本较低，收益较高的且不需要运动场地与器材的项目。其他项目可通过在运动场地设置运动监测设备，场地信息实时上传，学生运动状况实时监测。二是参与主体能够通过系统平台全面参与到课外体育活动管理中，"互联网+"背景下，新技术的涌现推动网络多样化的呈现，课外体育活动有了更加广阔的信息传播与交流平台。教师与学生之间协作，教师制定计划，学生负责执行，在系统交流互动中完成评价与反馈，每个成员从多种途径全面参与到活动中来。三是信息资源的全面覆盖，通过网络的有效整合力，集成各种资源信息，优化资源配置，节约成本，实现体育信息资源共享。一方面，借助信息平台，提高信息传播速率，增强时效性；另一方面通过互联网进行大数据分析，能够及时有效反馈活动状况，为决策者提供合理化建议。四是深化监督全覆盖，监督全覆盖，采用"互联网+"信息技术，实现学生参与活动的监督，一方面节省教师大量的管理工作，另外一方面对于学生锻炼自主性有极大的提升。

（二）时空全息化

所谓全息，本意上所指媒体信息的格式多元，如文字、图片、音频、视频等。这里指学生活动的时间与空间信息不受单一条件限制，对于时间空间运动

信息进行全面记录与监督。以往由于必须在固定时间到固定场地进行锻炼，往往会造成部分场地拥挤不堪而部分场地闲置，影响学生的锻炼效果，同时也存在着一定的安全隐患，新的管理理念要求时间可自选，具有延时性，不对学生锻炼做固定的时间要求，学生自主安排锻炼时间、自由选择锻炼项目，缓解场地与学生锻炼需求之间的矛盾。学生在任意时间、任意地点进行锻炼，符合学生碎片化时间管理。克服学生课余时间不统一的弊端，根据自己课余时间及手机移动端显示的场地信息情况进行合理安排，缓解有些场地供不应求的矛盾。学生参与课外体育活动时间的不固定性、活动项目的不确定性对于课外体育活动的监测与评价提出了要求。未来课外体育活动管理模式通过平台系统记录学生锻炼情况，突破时间、空间的限制，学生锻炼时进入管理系统，记录自己的运动情况，同时对于新技能的学习可也参考相关教程，这样使锻炼真正融入学生生活当中。同时，教师的课外体育活动管理也从运动场跃到了指尖上，教师针对学生锻炼大数据进行分析总结，针对学生锻炼行为习惯，实时优化目标设置，调整锻炼计划，随时与学生互动，对学生成绩进行过程性评价与结果性评价的结合。教师的管理工作更加轻松，更加自由，教师能够从传统繁忙的管理工作中解脱出来。从学生锻炼到教师评价，突破时间空间限制的管理减去了教师统计、评分的工作负担。从时间维度、空间维度以及学生自由度方面较之以往都有巨大的提升，学生随时进行各种形式的锻炼活动，拓宽了学生的锻炼机会，这样大大增强了学生锻炼的积极性和热情，增加锻炼的时间，从而全面促进学生身心健康。

（三）信息符号化

信息符号化是将虚拟消息转化成视觉符号的设计，信息传播也从电脑屏幕拓展到智能手机交互信息符号。信息符号化就是要将课外活动中的虚拟信息通过"互联网＋"技术收集、整合、处理转变成为有意义的数据，升级服务功能，提升课外体育活动管理效率，优化课外体育活动管理格局，促进校园体育发展。现代社会的一个重要特征就是信息化，互联网的快速发展巨大冲击了人们生产生活方式。各种活动产生大量信息资源，互联网与课外体育活动管理相结合，产生信息。以一卡通为例，在锻炼场所设置刷卡机，刷卡机记录刷卡数据，记录的数据就能够实现课外体育信息化的管理，管理者对学生体质信息（BMI、身高、体重、肺活量等）、基本信息（性别、院系、年龄等）、活动信息（参与项目、活动时间等）建立数据库，以了解学生课外体育活动情况，掌握学生个人或者班级锻炼动态，包括锻炼时间、锻炼次数、锻炼项目等，对于收集信息做数据处理分析，基于数据处理结果，为课外体育活动指导及体育课程改革做参考，为决策者提供决策，提供依据。

（四）主体互动化

信息技术革命推动社会信息化持续发展。"互联网+"思维管理能够突破以往单向沟通的局限性，关注活动的信息多渠道沟通。学生教师管理员（个人机构）都通过网络进入信息交互的过程中。多元合作型管理主体之间实现互动，首先是教师与学生之间的互动，教师通过与学生交流沟通，选择合适的评价方法帮助学生构建适合自己的锻炼方法，端正学生锻炼态度，树立正确的锻炼意识，养成正确的锻炼习惯。其次是教师与管理平台的互动，依托管理平台进行管理，教师在实际操作过程中针对学生运动情况实时与管理平台互动，反馈学生遇到的问题，及时处理与解决数据有效性问题，增强反馈机制运行，最快效率解决活动过程中的问题。再次是学生与管理平台的互动，学生通过平台系统直接反馈管理过程中遇到的问题。最后是学生与学生之间的互动，依托课外活动管理平台，学生在锻炼过程中加强互动，增强运动氛围，学生可线上约跑友、约球友，运动后发布动态查看运动排名，学生之间相互交流运动心得。将活动融入学生生活，既保障活动正常运作管理，同时又加强不同主体之间交流互动。多元主体管理之间相互合作、团结协作，管理运行平级之间与自上而下、自下而上相结合，简化活动管理流程，减少活动管理的诸多烦琐步骤，实现活动管理零距离沟通。

（五）服务智能化

基于课外体育活动管理平台的课外体育活动，要求平台服务功能更加智能化，服务平台在网络、大数据物联网和人工智能技术的支持下，具有能够满足学生全部锻炼需求的特性。一方面平台服务能够智能监督与控制课外体育活动情况，实现运动数据分析、预测以及运动信息精准化推送，另一方面在学生用户体验方面，基于大数据算法，实现学生运动信息反馈，用于提升学生运动体验。教师基于学生运动历史数据，作加权平均计算，得出相对精确的未来预测值，评估学生个人运动情况、班级成员运动情况，根据相应预测值，调整运动锻炼计划。毋庸置疑，除了监测应用功能外，更应实现其他服务功能的智能化。课堂服务功能发布信息通知、场馆查询预定服务功能、拓展体育知识趣味课堂、制定运动处方，同时依托管理平台作为赛事宣传与活动宣传的主渠道。智能化的服务功能建立了学生与教师之间、教师与学校之间平等对话、互动的关系,从而实现指令性与自主性融合的、计划性与灵活性协调的、考核性与激励性结合的课外体育活动管理。

三、高校课外体育管理新型理想模式的构建

"互联网 +"提供的不仅是先进的科学技术,更多的体现在变革性的思维方式。未来高校课外体育活动管理模式的构建有别于传统的管理模式,在遵循新的未来管理理念要求基础上,结合"互联网 +"理念,充分利用现代化信息技术,全面克服活动时间不自由、资源利用不充分的问题。教师能够摆脱传统管理监管工作,最大程度上实现资源的合理配置。新型管理模式是以满足学生锻炼需求为核心,以学校为引导,管理系统为督导,学生自主参与管理的合作型的三位一体的框架。框架构建与实施的路径具有多元化的特点,从管理机构设置、相关制度的制定与完善、软实力硬实力统筹发展以及完善课外体育活动的组织形式入手,其中制度的制定与完善是管理实施的重要保障,包括管理办法的制定,经费保障机制、监督管理机制、评价与反馈机制以及激励机制的确定从而保障新型管理模式能够顺利实施。管理系统具有智能服务的特点,"互联网 +"依托管理平台对学生课外体育活动进行监督管理,系统平台智能化服务能够更好地合理控制活动规模。新型管理模式具有全域化的特点,不仅能够全局合理配置活动资源、满足学生自由化活动时间,还具有线上线下相结合的活动形式。具体将从管理模式架构、实施路径、系统特征及模式特征加以深入分析。

(一)管理架构科学化,三位一体好运行

"互联网 +"与传统行业相结合创造新的发展态势。大学课外体育活动管理是为了提升学生身体素质,促进学生身心健康,满足学生锻炼需求而进行的教师学生多方参与的活动。"互联网 +"管理模式是以满足学生锻炼需求为核心,运用"互联网 +"时代信息技术深度融合学校课外体育活动管理,形成以学校课外体育活动管理为引导,以通过"互联网 +"信息技术手段监管学生课外体育活动参与为督导,学生自主参与管理合作的三位一体管理模式。宏观上构建三位一体的管理模式,在这个管理模式中,学校方面是推动者,学生是基础,"互联网 +"技术是依托,三者之间协同合作,以促进学生身心健康发展,提升学生身体素质为目标,共同推进高校课外体育活动管理建设。

具体来讲,新型课外体育活动管理模式的构建主要包括以下四点:第一,满足学生锻炼需求,提升学生身体素质,促进学生身心健康,培养学生锻炼习惯,树立终身体育意识是三位一体管理模式的共同目标。学校行政管理,学生

自我管理，"互联网+"系统平台的监督管理都是围绕这一目标共同发挥各自职能。第二，学校体育部门以学校行政管理的方式统筹体育的课内外一体化发展，科学规划学校体育发展布局，为学生参与课外体育活动提供重要的制度保障与必要的活动环境。第三，让学生自主参与管理，每位学生既是活动的参与者又是活动的管理客体，对于参与的课外体育活动具有直接的发言权，对于课外体育活动进行科学自主化的自我管理。学生通过自主化的科学管理，不断提升身体素质，促进身心健康发展，为终身体育意识的培养打下基础。第四，以通过"互联网+"信息技术手段监管学生课外体育活动参与为督导，结合"互联网+"思维，对于课外体育活动采用技术平台对课外体育活动进行监管，实现活动管理的全面覆盖化，增强主客体之间的互动，最大化实现资源的合理配置，极大满足学生锻炼需求，同时将体育教师从烦琐的监督工作中解脱出来。

1. 以促进提升学生身体素质、促进学生身心健康为核心

课外体育活动是指学生利用课余时间，以锻炼身体、愉悦身心为目的的体育活动[1]。国家层面出台政策推动学校课外体育的发展，学校层面不断制定相关计划，用以提升学生身体素质，从这个角度来说，学校课外体育活动就是在学校体育发展的基础之上，为了提高与满足学生更高的锻炼需求而进行的，学生的锻炼需求是课外体育活动发展的重要特征。促进身心健康是活动的出发点与归宿。课外体育活动管理模式的构建目标仍然沿袭这个终极目标，通过提出一个促进课外体育活动发展行之有效的解决方案，既简化管理者的操作流程，又增强活动趣味，满足学生健康发展的现实需求。

2. 学校课外体育活动管理为引导

学校作为学生活动的主要场所，承担学生的日常学习与生活的重要功能，它的职责是为学生提供良好的发展空间，创造良好的发展氛围。学校在学生课外体育活动管理中行使宏观管理职能，制定相关规定，并且以行政方式予以学校体育部门政策支持与资金保障，学校体育部门通过整合校区体育资源，以最低的成本支出向学生提供最优质的资源服务。学校体育部门对于学生课外体育活动进行有组织有计划的规划，并且组织教师进行监督评价，运用自上而下的行政管理办法督导学生参与课外体育活动。学校体育管理部门是构建课外体育活动重要的推动者，构建学校课外体育活动管理体系，为新型课外体育活动管理模式提供重要的制度保障。

❶ 叶修梅. 基于核心素养理念的课外体育活动研究 [J]. 启迪 .2019,(8)：15-16.

3.学生自主参与管理

学生在课外体育活动中是主要的参与者，在新型课外体育活动管理中，学生自觉参与活动，自主参与管理过程是基于学生自我发展、自我提高的自我管理的方式。学生自发组成的活动小团体一般不具有行政管理职能，而是辅助课外体育活动管理部门进行管理。在活动管理过程中，学生自主安排活动时间、活动项目，选择活动地点，摆脱传统课外体育活动在时间空间上的协调问题，减轻活动管理者工作量，减少活动管理成本，精简管理流程，实现与管理者的零距离沟通。

4."互联网+"信息技术手段监管学生课外体育活动参与为督导

要发挥"互联网+"时代信息技术平台的作用，"互联网+"课外体育活动管理平台是激发新的管理形态的有效途径。以新一代信息技术的创新为引领，为传统管理方式赋能，并且促进各类新技术、新产品、新模式的探索。"互联网+"课外体育活动管理平台以创新为引领，以数据为驱动，构建开放的价值生态。知识传递从主要依靠人的大脑来记忆变成人的创新与机器智能相结合，以经验判断为主的锻炼方式逐渐变为数据辅助下的科学判断为主的锻炼方式，封闭、独立的锻炼方式逐渐转变为合作、多元化锻炼。数据驱动的"互联网+"课外体育活动管理平台大大增加了学生与学生、学生与教师之间的沟通交流，各种体育知识传播突破传统教育时间、空间界限，大大增加了学生参与锻炼的积极性。当代学生的课外体育参与行为已发生改变，我们要顺应时代潮流，根据学生特点，坚持以人为本的理念，用智能化的方式对学生的课外体育活动行为进行鼓励、支持、监督与评价。可以与相关科技公司合作，研发适合本校的学生课外体育活动管理系统，搭建智能管理课余锻炼信息运营支持平台，促进学校课外体育活动管理工作的进行。

（二）实施路径多元化，服务学生达目标

1.管理机构设置

组织形态精简化，减少沟通层级，首先，有助于改进各个管理机构之间沟通质量、提高沟通效率；其次，能够降低管理费用，合理配置人力资源，提高人员自我管理能力；最后，实现与学生零距离沟通，快速响应学生需求。高校课外体育活动发展要完善优化课外活动的组织结构体系，高校各部门应该重视

课外体育活动，应将课外体育活动作为学生的第二课堂。积极响应国家号召，落实相关政策规定，合理建立符合规定的课外体育活动，体育社团、俱乐部等体育组织，积极开展有特色的、多样性的课外体育活动，增强课外体育活动的趣味性，营造良好的体育锻炼氛围。课外体育活动管理结构协调配合，每个部门可下设秘书组配合其工作，各部门各司其职，分管合作，共同致力于课外体育活动目标制定、实施执行控制与评价等管理活动。

组织体系构成是课外体育活动管理的基础。权责明确的组织管理机构是应用"互联网+"管理模式的首要前提。①决策机构，管理委员会是学校课外体育部门负责人直接领导的，以全面贯彻执行学校体育目标为出发点，负责审议活动相关制度、方案，是课外体育活动计划制定、执行评价等管理活动的最高管理机构。同时负责审议与批准"互联网+"课外体育活动管理系统的实施与应用。定期组织召开学校课外体育活动管理会议，决议与协调各管理环节出现的问题，还对管理工作的执行具有监督职能，以确保最初目标的有效落实。管理委员下设专门履行日常工作的办事机构。全面预算管理委员会办公室负责协调和推动课外体育活动每学期学习计划的制定、目标的设置、计划的执行实施监督、最终学生的成绩评定与反馈等工作。②监控机构，是为保证课外体育活动工作执行情况，设立的对参与主体进行监督与控制的机构，主要负责对学生参与活动次数、时间等做相关记录，对学生课外体育活动情况、执行情况进行监督与评价。依托于"互联网+"课外体育活动管理系统对学生进行课外体育活动执行情况的监测大大减少了相关工作者的工作量。监督管理部门人员同时也要对"互联网+"课外体育活动管理系统定期做质量评估，并及时形成意见报告，汇报管理委员会。考评机构以管理委员会制定的考评制度体系为准绳，负责审批与课外体育活动考核相关的制度和机制。依据管理系统记录学生活动数据，根据相应评价标准，对学生与学生课外体育执行情况进行考核、评价与奖惩。③执行主体，执行主体主要是学生，一般根据管理委员会制定的活动目标与要求，执行主体依据不同项目合理制定符合自己实际情况的运动计划，每位课外体育活动参与者，依据目标执行课外体育活动计划。机构各司其职，共同协调运作，共同推进学校体育工作的管理。

2. 规范完善课外体育活动管理制度

宏观上，政府对于学校体育发展进行宏观把控，下达相关政策指令。学校积极响应号召，依据自身情况完善建立健全普通高校课外体育锻炼各项规章制度。参照学期计划，由主管领导组织相关部门制定与完善学校课外体育活动的有关制度和相关规范，并纳入学校体育管理工作进行科学管理，从而保证各项制度与规范能够有效地实施与操作，完善"互联网+"课外体育活动管理办法。管理办法的修订要以教育部、体育局颁布的各种法律法规为参考，要与学校的发展层次相适应。

（1）完善课外体育活动经费保障机制。这是学校课外体育活动管理可持续发展的支撑，学校课外体育活动经费供给依赖于政府财政拨款，资金投入不足影响活动的组织与实施效果，因此需要不断拓展体育经费来源渠道，实现资金来源渠道的多元化。首先是政府财政拨款支持，其次是学校体育对外联络部门与外部企业公司建立合作伙伴关系，公司进行赞助，学校对公司进行宣传。当下，"产学研一体化"已经成为各大高校走出象牙塔，与社会发展相对接的重要理念。合作促进"产学研一体化"发展。市场作为最终目标，各种科学技术通力合作，将科研、技术、产品市场连锁，研究新型产品普及科研成果就是产学研一体化❶。高校课外体育活动的管理也是实现"产学研一体化"的一次有效尝试，为创新驱动中的体育产业发展提供了契机：首先，市场为高校服务，要充分开发市场潜力，利用公司运作、广告赞助为学校体育俱乐部提供"免费的午餐"，解决资金链的来源、流动、管理等问题，利用科技公司的技术资源为高校体育教学提供便利。其次，数据为科研服务，充分利用"互联网+"时代大数据、云计算的科技资源，在学生管理中充分挖掘有效的信息，为高校体育教学、运动训练、学术科研提供支撑，促进体育科学的发展，并且能够有效集中相关领域的专家，为市场提供技术指导，开发更有针对性的社会体育市场，为推动"互联网+"时代社会体育产业的发展奠定强大的学术基础。"互联网+"背景下，大量科技公司也在谋求自己的生存之道，在广阔的市场中拓展一席之地，学校运用科技产品，支持公司运作发展，公司提供服务，树立自己的品牌，实现双赢。最后，共享型体育发展也是学校体育发展的主流。高校体育场馆设施应满足学校师生的锻炼需求，学校也应密切联系外部环境，谋求场馆运营的更高效益，学校通过场馆共享，与相关企业互惠互利，为学校体育发展谋求更好的经费保障。

（2）确立基于互联网的课外体育活动管理监督机制。传统课外体育活动监管的实现得益于以班级为单位的考勤，以运动项目分类的学生考勤，以及学校体育主管部门委派人员的考勤。考勤方法主要涉及点名、盖章、刷卡等。互联网课外体育活动管理机制则运用课外体育活动管理系统对学生运动情况进行监

❶ 许伟.国内外产学研结合模式发展状况及启示[J].长春理工大学学报(社会科学版).2008,21(3)：121-124.

管，减少人力物力开支，将教师从繁重的考勤工作中解脱出来。通过运用统一管理软件加强对课外体育活动的实施以及学生参与课外体育活动行为的监督管理与引导，实现活动前、活动中以及活动后的全面动态监督，使学生真正养成课外体育活动的习惯。

（3）健全学校课外体育活动管理的评价与反馈机制。课外体育活动管理评价是为了加强学校课外体育活动发展，更加优化资源的合理配置而采取的措施。❶ 定量的考核，宏观上学校运用行政管理手段，硬性规定学生课外体育活动必须达到的运动目标，如运动次数、运动时间、运动距离等，"互联网+"课外体育活动管理系统所记录的学生运动情况作为学期末课外运动成绩评价的依据，此部分考核成绩按照相应比例加入学生体育课程中，并且与学生体育课课程、评奖评优等相挂钩。课外体育活动组织形式较为丰富，增加了学生课外体育活动评价的难度，结合互联网，场地的使用率、器材的使用率皆可作为间接参考依据。通过系统平台学生预约场地、扫描器材专用二维码，这样获取体育锻炼者的相关基本信息，有助于间接评价学生锻炼情况。"互联网+"与课外体育活动管理相结合，创新课外体育活动监管方式，课外体育活动管理评价方式亦有所转变，依托"互联网+"课外体育活动管理平台对管理过程协调与控制，不断增强管理的时效性。双向制约督促学生积极开展课外体育活动，促进学生进行科学化规范化的锻炼，使学生养成锻炼习惯，树立终身体育意识。反馈机制的完善能够加强管理工作的开展，反馈方案的制定与执行具有不同层次、不同等级，管理主体与管理客体之间的反馈，管理者与管理系统运营商的反馈，管理客体与运营商之间的直接反馈，利用"互联网+"技术实现在线反馈调节，提升管理服务的时效性。

（4）加强学校课外体育活动管理的相关激励机制。调动学生参与课外体育活动积极性是学校体育管理工作者思考的薄弱环节，激励制度事实上是不可或缺的重要手段，运用激励手段能够大大提高学校课外体育活动管理效益。一方面适当给予实质性的奖励，如课外体育活动开展较好的班级或者学生参与学校"体育运动班级""体育运动达人"评比，由校体委统一颁发证书，并有机会参与当年学校年度班级、人物评比，同时将对体育运动达人多的学院、班级及任课体育老师进行奖励。另一方面给予学生精神上的嘉奖与激励，教师口头表彰嘉奖，鼓励学生多参与，不断提升自己运动能力。激励机制能够不断增强学生及教师的工作积极性，也是提升工作效率的重要途径。完善管理办法是制度执行的前提，制度执行是制度建设的重点。学生是执行制度的具体个体，然而制

❶ 徐昌奇.试论学校课外体育活动的组织与管理 [J].新课程 (中学).2013,(10)：14.

度的执行不是依据单个个体付出就能够起到有效作用，而是有赖于全体学生的共同努力。

3.活动管理建设软硬实力统筹发展

"互联网+"大学课外体育活动的管理需统筹发展软实力与硬实力。从软环境建设方面来说，更新管理者的管理理念以及学生参与活动理念，新的发展形势下要实现智能化和信息化管理，加强高水平师资队伍建设是前提，不断提升管理水平，管理水平要以管理人才为支撑，因此要提高管理人员综合素质，加强管理者的互联网媒介素养教育。实现新型管理是一个动态发展的过程，在完善管理设计的基础上，加强对管理人员的培训。管理过程中，要求管理人员树立服务校园、服务学生的管理意识，利用技术实现创新发展。智能管理的人才需求要针对不同的专业招聘优秀技术人才和管理人才，结合高校管理工作，展开课余体育锻炼管理建设，从而促进课余体育锻炼信息的智能管理的整体构建顺利进行。另外还要加强学生网络素质培养，营造健康的网络环境，首先要引导学生正确使用锻炼软件，在锻炼过程中拒绝营私舞弊的行为，其次要加强学生的网络语言行为的规范教育。曾国藩说，"舍礼无所谓道德"，人们需要知礼、行礼、倡礼，用礼来修身，成就自己的风范。学生应当知礼、懂礼、守礼。在此基础上，不断树立互联网思维，加强学网、懂网、用网意识，不断增强网络媒介素养。

从硬实力发展来说，体育教学设施的配置作为学校体育必备条件彰显了学校体育发展的特色，学校体育教育理念、体育文化等软实力表现学校课外体育活动整体水平。硬件设施方面，学校要完善体育场馆的建设，为师生员工的体育锻炼提供可靠物质保障。在信息化智能化管理实施过程中，要增设智能监控设备，同时还需配备与之相匹配的智能化管理系统在内的一系列材料和硬件设备，迈出体育锻炼智能管理和建设的第一步。加强体育场地器材建设维护保养管理。"互联网+"时代，面对日新月异的信息革命，高校的课外体育活动管理需要充分利用互联网连接一切、开放、自由的特性，丰富实践形式，满足学生的课外体育活动的多样化需求。高校体育场馆建设器材维护等问题一如既往，追根溯源，一方面高校扩招，学校体育场馆建设与器材的添置速度不成正比，另一方面体育器材没有物尽其用，未实现资源的最大化利用率。近些年有不少文章对与高校的体育场馆的智能化管理系统作出了翔实的描述，对于场馆的智能化管理不少学者做了专门研究，因此针对体育场馆的智能化管理这里不多做赘述。提供以下几点，仅供参考。首先，场地器材的设施尽量能够满足师生教与学及学生课外体育活动需求，即所谓的硬件先行、保证达标。其次，保证学生参与较多的项目的场地器材的提供，辅之以学校开展的特色项目场地供应，即全面性与特色性相结合。再次，要保障场地设施的实用性，即对于年久失修的场地、不达标的器材，尽早修缮，保证学生课外体育参与的基础，降低运动参与的客观风险。最后，加强校内校外联络度，对于校外企业利用场地举办赛事一定程度上予以支持，争取实现资源共享，加强学校体育整体运作的资源保障。

4. 以点带面，推动项目发展

学校以课外体育活动改革为重点突破口，探索多元化资金来源，争取多方支持协助，顶层设计确立以"打造活力校园，营造健康环境""优化健康服务，提升健康素养""满足学生个性化需求，培养终身体育意识和能力"为三大目标，通过课内外一体化落实学校体育个性化发展的要求。结合互联网，完善各类单项体育竞赛、体育社团带动课外体育活动发展。相较于综合运动会，单项体育竞赛是学校群众体育活动的重要组成部分，必须在扩大和规范学生体育社团以及课外体育俱乐部组织建设的基础上，结合互联网，增强活动项目的趣味性，充分发动学生，调动他们参与各类体育活动的积极性，从而实现学校阳光体育运动的长效机制。学校通过选择一些娱乐性、趣味性较强的群体竞赛项目通过与互联网相结合，改善原有参与方式，线上线下相结合，号召广大学生参与。学校可组织进行集体校园跑步赛事，赛事组织形式多样，如校园马拉松、团队定向越野等。增设或创新便于开展的小型项目的比赛，如身体基本素质达标赛、轮滑、流行街舞和越野跑等，与大型比赛彼此呼应，穿插进行。通过系统平台，社会团体可向校内大学生发出适合学生参与的运动邀请，足、篮、排、乒、羽、网等球类项目与舞蹈表演、马拉松等火爆赛事。学生线上互动线下参与更能够增强学校体育文化影响力，积极带动社会体育发展活力，促进社会体育的快速发展。学校将力争要把现有的学生体育社团和课外体育俱乐部建设成为高标准高质量的校园体育组织，开设多样化的体育热点课程，拓宽学生课外进行体育运动学习的渠道，实体学习与线上学习相结合，提供体育与健康线上课程资源，广泛吸引学生参与。学生通过参与活动，加强技能巩固，丰富课外文化生活，同时提高社会适应能力。

（三）服务功能智能化，分散集中总相宜

"互联网+"与课外体育活动管理系统是一种学习环境的构建，它建立的基础在于云计算、大数据、人工智能等技术的开发与应用，使线上线下全局的构建具有智能化特征。"互联网+"课外体育活动系统依托于经济基础提供物质保障、

政策支持、文化引导与信息技术的发掘等元素相互作用形成。系统应用包括运动数据生成、运动数据处理、运动加工、运动数据流通与数据应用各个环节。

新型管理模式是利用现代信息技术，根据高校课外体育活动现状、学生特点等运动数据生成数据来源，课外体育活动中，学生通过移动终端登录系统平台，学生学习运动技术，对课外体育活动情况进行监督记录，同时线上学习支持搜索、社交及其他门户的学习。实体学习则是指通过移动终端或者其他移动设备直接记录运动生成的数据，监测学生课外体育活动状况。泛在学习指利用任何时间，无论你在何种场合，如教室、宿舍、食堂、运动场等获取学习资源并且进行学习的过程。泛在学习在这些场合发生后，其产生的数据便被记录，展开数据流动。锻炼生活化是指学生参与非校园内课外活动，学校外部组织的体育竞赛、体育活动。通过数据的感知、记录汇集及处理，数据加工系统依据学习者认知水平、兴趣爱好、学习特征等条件，可以为学习者提供个性化推荐、学习策略、运动处方等。大量应用产生的数据进行流通，同时为管理者评估学生运动状况提供参考依据，数据处理与优化促使教学、科研、学习管理、生活效能不断提高。系统对于数据的捕捉能力极强，实体学习数据、泛在学习数据能够有效捕捉，分散数据及大量集中产生的数据，依托强大的云处理技术，都能够瞬间捕捉。

建立相应的数据库，结合相应的监测设备，对学生的课外体育活动进行智能监测。高校课外体育活动管理依托智能化管理系统，不断拓展课外体育活动的时间和空间。首先校方联合相关技术公司与之合作，公司开发符合学校需求的手机软件，并能够实现与安卓、IOS 等手机系统以及穿戴设备兼容，以保证全校学生的使用，同时要配备相应的网络服务器及后台管理软件，用于学生数据的存储、管理、分析、应用，管理系统要与学生校园身份数据相对应，做到精准覆盖、无缝对接。完成后在局部区域内进行测评，针对漏洞，对其进行优化，然后推广到学校范围内。

学生通过登录学校统一的运动平台进行运动打卡，如打卡设备、指纹识别设备等。学生可依照自身兴趣参与活动，在运动场地的智能监测设备进行打卡。学生可以通过个人的智能终端（手机）、智能设备（运动手环，运动手表）等进入学校指定的"课余锻炼 APP"进行课余体育锻炼，学生通过输入个人信息登录到学校的课余体育锻炼管理系统。依据数据指标，判断学生的身体状态，并匹配与之相适应的运动强度。系统通过对学生使用前进行 GPS 定位，监测学生运动情况。学生可根据实际情况自由选择。锻炼过程中依托智能手机的处理计算功能，实时记录学生的运动时间、运动强度、消耗热量等数据，移动终端通过服务器，将学生锻炼信息数据传输到体育管理云平台，系统依托计算机强大的运算功能及大数据处理对比分析，生成具有指导性的锻炼建议，并给予相应的语音提示，辅助学生进行实时的运动控制。针对不同的锻炼方式，智能监测有不同的检测评价指标，对学生的课外体育活动进行有效的监督。

管理者通过学校管理后台可以直接查看学生参与运动的项目、人数、学生有效体育成绩，各院系班级的具体参加人数、排名等信息，管理者可对学生的数据进行分析、使用，优化学生数据管理格局，节省人力，提升管理效率。教师通过学生个人纵向体育锻炼信息记录的运动项目偏好、个性化锻炼时间（早中晚、每周运动次数、学期运动次数）等信息分析学生运动行为习惯，为体育锻炼指导与课程目标提供依据。横向信息数据对比，按照年级、性别、专业分别统计活动项目、时间及频次，获取交叉数据，对比了解学生不同年级、不同性别、不同专业学生运动项目偏好，活动时间分布及活动频率状况。这些大数据为课外体育活动制度的制定与决策提供支持，为教师提供学生锻炼指导信息，为体育场地设施资源的合理分配提供依据。

系统平台可根据学生情况提供技术指导等相关服务推送，通过互联网开辟日常体育课之外的"小课堂"，如技能教学视频、运动健康知识等，为学生提供指尖上的体育课程。通过这种方式来监督学生的课外体育活动情况，不仅涵盖的范围广，又可兼顾学生的个体差异性、运动时间与运动项目的灵活性，能够促使学生形成自主锻炼的能力，增强学生锻炼积极性。这种管理方式改变以往传统的管理方式，学生独立运动、集群运动能够得到有效监督，大大提高了管理效率，而且不用再像以往人为去对每个学生监督，节省了大量的人力、时间并且这种管理更加具有时效性、真实性。

（四）管理特征全域化，校内校外相勾连

"互联网+"课外体育活动管理结合现代化信息技术改变人们对于课外体育活动数据信息的采集、整理分析的传统方式。课外体育活动管理特征朝着全域化方向发展，通过对资源的合理配置、资源共享化，实现校内校外相勾连的开放型的管理特点。

信息资源的全域化即"互联网+"课外体育活动管理平台优化传统学校课外体育活动的监管方式。通过虚拟化的网络监控，提供开放式的活动环境，同时对体育信息资源加以整合，实现系统平台内的以及现实资源的共享，拓宽课外体育活动资源利用的深度与广度，全面实现对体育资源的合理配置，开拓课外体育活动的新态势。时空的全域化即学校对于课外体育活动进行顶层设计，

全域统筹，结合"互联网 +"信息技术，拓展学生课外体育活动时间范围，根据以人为本的理念，从学生现实需求出发，不对学生锻炼时间做特殊要求，学生根据自身需要，合理安排活动时间，根据场地器材情况择优选择运动项目，最大限度满足学生锻炼的个性化需求，实现资源的最大化利用效率。教师的工作环境也从固定地点跃到了指尖上，教师不用对学生课外锻炼情况进行考核监督，便捷化的动态监管，时时为管理者提供学生运动参考数据，为评估学生运动情况提供依据，管理者的评价流程精简化，评价过程便捷化，评价空间自由化。时间上不再局限于某一时间段，空间上也不受限于办公室办公，实现时间空间的全域化。活动形式的全域化即结合"互联网 +"的课外体育活动，组织形式更加丰富，活动规模更加灵活，活动趣味性更强。学生参与活动线上线下相结合，竞赛具有更多趣味性，更多科技感。并且活动内容不受限于课堂传授，活动组织也不限于校内，为学生创造多样化的参与方式，创造更加安全和谐的锻炼环境，营造更加良好、融洽的锻炼氛围，增强活动趣味性，提高学生运动积极性，为学生终身体育意识的培养打下良好基础。

参考文献

[1] 刘大维,胡向红.新时代高校体育教育专业人才培养模式理论和实践研究 [M]. 成都:四川大学出版社,2019.

[2] 董一凡,牟少华.高校体育教育研究 [M].昆明:云南大学出版社,2010.

[3] 袁莉萍.中国高校体育教育研究 [M].武汉:湖北科学技术出版社,2013.

[4] 庄容.高校体育教育 [M].南京:河海大学出版社,2001.

[5] 李一良.高校体育教育研究 [J].文渊 (高中版),2020(8):804.

[6] 袁昱.高校体育教育改革探讨 [J].冰雪体育创新研究,2020(12):55-56.

[7] 薛翔升.高校体育教育改革浅析 [J].拳击与格斗,2019(8):29.

[8] 纪大春.浅析高校体育教育改革 [J].中国高新区,2019(10):74.

[9] 祝明慧.探讨高校体育教育改革 [J].魅力中国,2019(2):360.

[10] 张嘎.浅析高校体育教育 [J].才智,2017(26):50.

[11] 崔宏达.高校体育教育中育人的条件和措施 [J].拳击与格斗,2020(9):114-115.

[12] 刘晔.高校体育教育专业课程体系构建 [J].冰雪体育创新研究,2020(2):55-57.

[13] 梁思远.高校体育教育改革模式初探 [J].当代体育,2020(12):86.

[14] 蒲松.高校体育教育改革思考 [J].当代体育科技,2018,8(12):94,96.

[15] 周兰.高校体育教育中的德育教育——对高校肥胖学生采用运动加营养减肥效果的研究 [J].科技资讯,2020,18(28):132-134.

[16] 魏箐河.高校体育教育教学改革的路径探析——以西安外事学院为例[J].新西部,2020(17):40+35.

[17] 刘壮.高校体育教育的现状与发展 [J].体育风尚,2018(11):122.

[18] 李琪.高校体育教育发展研究 [J].山西青年,2018(10):208.

[19] 王牲.高校体育教育的作用研究 [J].当代教育实践与教学研究 (电子刊),2018(9):556.

[20] 王译萱.论高校体育教育与终身体育教育 [J].越野世界,2020,15(2):132-133.

[21] 张鹤东.现代教育技术与高校体育教育改革 [J].冰雪体育创新研究,2020(10):57-58.

[22] 骆劲松.我国高校体育教育的现状和对策研究 [J].花炮科技与市场,2020(3):52.

[23] 章超平.高校体育教育专业人才培养分析 [J].就业与保障,2020(16):102-103.

[24] 赵猛 . 高校体育教育发展分析与管理——评《高校体育教育发展情况分析与改革研究》[J]. 中国学校卫生 , 2020,41(8):1281.

[25] 冯海峰 . 普通高校体育教育改革对策研究 [J]. 体育风尚 , 2019(1):124.

[26] 武文娟 , 郝琛琛 , 何素艳 . 高校体育教育专业人才培养探析 [J]. 当代体育科技 , 2019,9(25):73–75.

[27] 李勇明 . 浅析高校体育教育的审美教育 [J]. 教育研究 (2630–4686),2019(5):3–4.

[28] 易群亮 . 试论高校体育教育改革的影响及策略 [J]. 当代体育科技 , 2019,9(15): 12,14.

[29] 樊文杰 . 当代高校体育教育的现状与改革 [J]. 汽车世界·车辆工程技术 , 2019(7): 134.

[30] 易招华 . 高校体育教育教学的发展问题及对策 [J]. 文渊 (小学版), 2019(10):647.

[31] 郭浩天 . 高校体育教育改革的影响与策略分析 [J]. 休闲 , 2019(12):176,179.

[32] 万国臣 . 慕课对现代高校体育教育的影响 [J]. 黑龙江科学 , 2019,10(17):86–87.

[33] 许家秀 . 我国普通高校体育教育体系的研究 [J]. 当代体育 (篮球频道), 2019(13): 149.

[34] 任银 . 现代教育技术与高校体育教育改革 [J]. 百科论坛电子杂志 , 2019(5):728– 729.

[35] 姜薇 . 高校体育教育专业的课程改革研究 [J]. 拳击与格斗 , 2019(12):30.

[36] 吴大成 . 高校体育教育与学生体育意识的培养[J]. 中国多媒体与网络教学学报 (电子版), 2019(7C):119–120.

[37] 马海明 . 高校体育教育实施问题及对策研究 [J]. 文体用品与科技 , 2019(5):132– 133.

[38] 杨贵彭 . 高校体育教育资源的创新运用分析 [J]. 才智 , 2019(20):32.

[39] 唐克己 , 朱栋栋 , 张学军 . 互联网对高校体育教育的影响及对策 [J]. 智库时代 , 2019(42):170,172.

[40] 刘玉玺 , 刘儒佳 . 新时代高校体育教育发展探究 [J]. 文体用品与科技 , 2019(18): 141–142.

[41] 吴大成 . 高校体育教育与学生体育意识的培养 [J]. 中国多媒体与网络教学学报 (中旬刊), 2019(7):119–120.

[42] 袁玎 , 杜世全 . 安徽高校体育教育现状与发展任务 [J]. 池州学院学报 , 2019,33 (2):133–136.

[43] 易娟 . 高校体育教育引入拓展训练的探讨 [J]. 文体用品与科技 , 2019(14):141–142.

[44] 席建平 . 高校体育教育与终身体育意识的培养 [J]. 视界观 , 2019,(16):189.

[45] 吴瑞巍 . 浅析高校体育教育改革 [J]. 祖国 , 2016(18):163.

[46] 陈建宇 . 高校体育教育与意识培养 [J]. 现代职业教育 , 2017(16):404.

[47] 康鹏飞 . 高校体育教育改革初探 [J]. 学周刊 , 2017(15):6–7.

[48] 纪力 . 当代高校体育教育教学路径创新与实践 [J]. 食品研究与开发 , 2021,42 (7):238.

[49] 陈建宇 . 高校体育教育与意识培养 [J]. 现代职业教育 , 2017(16):44.

[50] 刘顺超 , 黄显忠 . 高校体育教育改革研究 [J]. 西部素质教育 , 2017,3(10):81–82.

[51] 考书胜 . 高校体育教育翻转课堂模式研究 [J]. 社会科学 (全文版), 2018(3):266.

[52] 刘壮 . 艺术类高校体育教育研究 [J]. 戏剧之家 , 2018(33):183.

[53] 史黎清 . 高校体育教育教学改革与实践探索 [J]. 体育时空 , 2018(13):62–63.

[54] 王甡 . 大数据时代高校体育教育的探索 [J]. 体育时空 , 2018(18):172.

[55] 李爱红 . 高校体育教育对于体育产业经济发展的影响分析 [J]. 营销界 , 2021(8): 72–73.

[56] 陈剑飞 . 高校体育教育与运动训练互动模式探究 [J]. 文存阅刊 , 2021(1):92.

[57] 路华 . 高校体育教育学生核心素养培养发展途径构建 [J]. 山西警察学院学报 , 2021,29(1):125–128.

[58] 苏萌 . 终端游戏影响下的高校体育教育改革探索 [J]. 拳击与格斗 , 2021(3):118– 119.

[59] 赵文男 . 茶文化在高校体育教育中的渗透路径探析 [J]. 福建茶叶 , 2021,43(1):254– 256.

[60] 刘金锋 . 高校体育教育专业评估指标体系构建研究 [J]. 齐齐哈尔大学学报 (哲学 社会科学版), 2021(1):160–163,174.

[61] 王瑶瑶 . 高校体育教育创新理念与实践教学分析 [J]. 读天下 (综合), 2021(4):183.

[62] 高源 , 杜春斌 . 延安时期高校体育教育的特色及当代启示 [J]. 延安大学学报 (自 然科学版), 2021,40(1):99–102.

[63] 刘广春 . 高校体育教育中人文思想的实现路径 [J]. 科教文汇 (下旬刊), 2021(2): 128–129.

[64] 刘广春 . 高校体育教育中人文思想的实现路径 [J]. 科教文汇 , 2021(6):128–129.

[65] 于恩泽 . 试论新时期高校体育教育思想观念的转变 [J]. 新一代 , 2021,25(1):276.

[66] 张燕 . 高校体育教育面临的问题和解决对策 [J]. 体育风尚 , 2018(8):104–105.

[67] 闫晴 , 朱亚成 , 杨璐 . 高校体育教育发展现状与改革研究 [J]. 文体用品与科技 , 2018(15):18–19.

[68] 霍亮 . 高校体育教育模式创新探究 [J]. 文体用品与科技 , 2018(21):150–151.

[69] 乌卫星 . 高校体育教育功能性缺失与建议 [J]. 商情 , 2018(39):215.

[70] 刘迎 . 论高校体育教育与终身体育教育 [J]. 赢未来 , 2018(10):8.

[71] 方平 . 高校体育教育训练现状研究 [J]. 当代体育科技 , 2018,8(8):23,25.

[72] 李强 . 素质教育背景下的高校体育教育教学创新与实践 [J]. 食品研究与开发 , 2020,41(15):236.

[73] 程卫东 . 高校体育教育中的人文素质教育反思 [J]. 国际公关 , 2020(10):128–129.

[74] 郭冬柏 . 新时期高校体育教育的发展策略探究 [J]. 福建茶叶 , 2020,42(3):159.

[75] 董国春 . 高校体育教育专业实践教学体系的构建路径分析 [J]. 卷宗 , 2020,10(18):220.

[76] 姜宽 . 关于高校体育教育开设拓展训练课程的研究分析 [J]. 中国新通信 , 2020,22(15):183.

[77] 段静彧 . 新媒体对高校体育教育的影响及发展策略探讨 [J]. 国际公关 , 2020(10):126–127.

[78] 李宇 . 高校体育教育促进体育经济发展的对策研究 [J]. 财富时代 , 2020(5):223.

[79] 王一 . 拓展训练在高校体育教育中的应用初探 [J]. 中外企业家 , 2020(17):218.

[80] 吴永刚 . 高校体育教育专业学生创业能力培养探讨 [J]. 长治学院学报 , 2020,37(2):105–106.

[81] 张涛 , 熊健 , 刘义峰 , 等 . 高校体育教育专业学生教学能力培养研究 [J]. 冰雪体育创新研究 , 2020(3):105–106.

[82] 王立民 . 高校体育教育教学中存在的问题及对策分析 [J]. 石油石化物资采购 , 2020(12):127,97.

[83] 刘坤 . 普通高校体育教育改革创新研究 [J]. 创新创业理论研究与实践 , 2018,1(12):57–58.

[84] 杨威 . 高校体育教育的影响因素及对策分析 [J]. 明日风尚 , 2018(13):162.

[85] 许荟蓉 . 高校体育教育创新策略研究 [J]. 山西青年 , 2018(17):116.

[86] 高红梅 . 民族传统体育与高校体育教育融合途径研究 [J]. 新一代 , 2020,25(16):244.

[87] 柯世明 . 茶文化传承对我国高校体育教育的价值作用[J].科教导刊 (电子版), 2020(10):233.

[88] 陆海英 . 高校体育教育专业田径课程教学改革探析 [J]. 科教导刊 (电子版)(下旬), 2020(10):260–261.

[89] 汪健 . 当前高校体育教育的发展策略探讨 [J]. 吉林广播电视大学学报 , 2018(10):145–146.

[90] 熊阿凤, 裴金妮, 邓科. 高校体育教育领域网络信息资源的利用 [J]. 质量与市场, 2020(15):134–136.

[91] 程飞. 人文理念下高校体育教育目标路径研究 [J]. 户外装备, 2020(9):23,28.

[92] 吴小茂. 慕课对当代高校体育教育的积极影响 [J]. 当代体育科技, 2018,8(14): 63,65.

[93] 屈利军. 高校体育教育与拓展训练的结合探究 [J]. 速读 (中旬), 2018(8):298.

[94] 王凯. 拓展训练在高校体育教育中的应用分析 [J]. 教育理论与应用, 2020(1):33–36.

[95] 金慧侠, 许家成. 高校体育教育中风险管理与防范策略研究 [J]. 休闲, 2020(5):74–75.

[96] 王大庆."互联网时代"的高校体育教育发展路径探析 [J]. 百科论坛电子杂志, 2020(10):197–198.

[97] 张宇. 篮球文化对我国高校体育教育的影响分析 [J]. 文体用品与科技, 2020(4): 114–115.

[98] 徐天立. 对我国高校体育教育现状及未来发展对策的思考 [J]. 山西青年, 2020(4): 208.

[99] 刘承军. 湖南省高校体育教育专业教学质量保障探索 [J]. 休闲, 2020(1):45–46.

[100] 王帅. 高校体育教育专业人才培养模式改革研究 [J]. 老字号品牌营销, 2020(6): 103–104.

[101] 杜筱雯. 大数据时代对高校体育教育的探讨 [J]. 休闲, 2020(7):24.

[102] 赵海燕. 慕课的发展及其对长春市高校体育教育的影响 [J]. 当代体育, 2020(4): 163,168.

[103] 李杰. 拓展训练在高校体育教育中的应用初探 [J]. 中国农村教育, 2020(20):7–8.

[104] 莫彬琳. 高校体育教育融入农村体育文化研究 [J]. 核农学报, 2020,34(11):2638.

[105] 卢瑛. 高校体育教育对于体育产业经济发展的影响分析 [J]. 现代营销 (创富信息版), 2020(6):240–241.

[106] 陈海龙. 高校体育教育中的人文素质教育思考 [J]. 魅力中国, 2020(31):300.

[107] 沈启军, 臧家利. 浅析素质教育在高校体育教育中运用 [J]. 冰雪体育创新研究, 2020(6):77–78.